育英科技课程系列丛书

丛书主编　于会祥

丛书副主编　梁秋颖

初中数学建模

孙宇阳　丁曼旎　强荣　詹静　著

机械工业出版社

CHINA MACHINE PRESS

本书是"育英科技课程系列丛书"之一，依据《义务教育数学课程标准（2022年版）》，从初中数学内容出发，给出了15个数学模型，每个模型都遵循数学建模的基本方法，从模型背景、提出问题、分析问题、模型假设、模型建立、模型分析、模型推广、模型应用和模型意义等几个方面引导学生思考和探究，并在模型后面给出了拓展阅读和探究题目，着力培养学生会用数学的眼光观察现实世界、会用数学的思维思考现实世界、会用数学的语言表达现实世界，激发学生学习数学和探究科学问题的内生动力，增强科学创新能力。有的模型还给出了参考答案，供学习有困难的学生参考。

　　本书涉及的数学模型的特点是简单、易于理解和应用，既适合初中生学习和实践，也可供初中数学教师教学参考。

图书在版编目（CIP）数据

初中数学建模 / 孙宇阳等著. -- 北京：机械工业
出版社，2024. 8（2025. 7重印）. --（育英科技课程
系列丛书 / 于会祥主编）. -- ISBN 978-7-111-76481-6

Ⅰ. G634.603

中国国家版本馆CIP数据核字第2024QW7183号

机械工业出版社（北京市百万庄大街22号　邮政编码100037）
策划编辑：熊　铭　　　　　　责任编辑：熊　铭　张晓娟
责任校对：曹若菲　张　征　　责任印制：常天培
河北虎彩印刷有限公司印刷
2025年7月第1版第3次印刷
184mm×260mm·12印张·187千字
标准书号：ISBN 978-7-111-76481-6
定价：59.00元

电话服务　　　　　　　　　　网络服务
客服电话：010-88361066　　机　工　官　网：www.cmpbook.com
　　　　　010-88379833　　机　工　官　博：weibo.com/cmp1952
　　　　　010-68326294　　金　书　网：www.golden-book.com
封底无防伪标均为盗版　　机工教育服务网：www.cmpedu.com

育英科技课程研究小组

组　长　梁秋颖

副组长　鲁婷婷

成　员（以姓氏拼音排序）

　　　　丁曼旎　李豆豆　李　佳　李玮琳　牛冬梅

　　　　强　荣　孙宇阳　徐　娟　薛　晖　野雪莲

　　　　詹　静　张　花　张婷婷　赵运华

丛书序

　　科学教育是关乎全局和未来的大事。回望历史，科学打开了人类进步的大门。如果没有科学，人类可能仍然行走在黑暗之中，整日忙于生计却仍难以果腹，更无法摆脱愚昧的枷锁。展望未来，新一轮科技革命和产业变革正在重构全球创新版图、重塑全球经济结构。科技进步不仅改变着我们所处的世界，也深刻影响着国家前途命运和人民生活福祉。中小学阶段是孩子成长的拔节孕穗期，也是树立科学信念、增强科学素养的关键时期，这一阶段对于深化拔尖创新人才早期培养、构建支撑科技自立自强的人才链具有重要意义。

　　如何做好科学教育，已经成为摆在每一所中小学学校面前的时代课题。2023年5月，教育部等十八部门联合印发了《关于加强新时代中小学科学教育工作的意见》，文件明确指出，推动中小学科学教育学校主阵地与社会大课堂有机衔接，提高学生科学素质，培育具备科学家潜质、愿意献身科学研究事业的青少年群体，培养社会主义建设者和接班人。

　　北京育英学校从西柏坡一路走来，在赓续红色基因的同时，将科学教育作为为党育人、为国育才的重要抓手，专门成立跨学科教研团队，汇集数学、物理、化学、生物学、劳动、历史、信息科技、科学等学科的优秀师资力量，持续推进科技课程建设，实施启发式、探究式教学，探索项目式、跨学科学习，成功走出了一条科学教育特色办学之路。2023年5月31日，习近平总书记在育英学校考察时指出，科学实验课是培养孩子们科学思维、探索未知兴趣和创新意识的有效方式。总书记希望同学们从小树立"科技创新、强国有我"的志向，当下勇当小科学家，未来争当大科学家，为实现我国高水平科技自立自强做贡献。

　　我曾经沿着总书记的足迹到育英学校调研，从学生农场到科学教室，从课程教学到校园文化，边走边看，边学边悟，深刻感受到科学教育在这里深深扎根、悄然开花的育人魅力。在育英学校，学生可以在农作物种植中学习科学，可以在过山车实验中探究科学，甚至在教学楼后面还专门设有一处名为"科技苑"的活动区，学生可以利用课余时间，通过声聚焦、比扭力等30余件科技互动室外实验装置体验科学……

在育英学校调研时，育英学校于会祥书记讲了一个发人深省的育人故事。十多年前，学校有一名学生，他从小就非常喜欢研究昆虫，立志成为中国的法布尔。然而，爱好昆虫的他却受到了个别教师的一些质疑，认为他不以学业为重，不务正业。学校为了更好地保护他的好奇心、探求欲，激励更多学生爱科学、学科学、用科学，专门为他建造了一间开展昆虫研究的实验室，并以他的名字来命名。学校的支持与鼓励极大地激发了他的科学热情，他率先成立了昆虫社团，并最终顺利考入了心仪的大学。如今，育英学校已经拥有100多个学生自主社团，其中42个是科技社团。科学的种子正在一批又一批的育英学子心中生根、发芽、开花、结果。

经过长期探索与实践，育英学校科学教育体系化建设取得了显著成效，科技课程设置、教学创新、资源开发、环境营建等浑然一体，"做中学""玩中学"蔚然成风。在此基础上，"育英科技课程系列丛书"应运而生。它绝不是一套浅尝辄止的资料汇编，而是一份凝结了师生智慧、历经实践检验的行动指南。它对于中小学学校在"双减"政策背景下如何做好科学教育加法具有重要的借鉴和指导意义。

"育英科技课程系列丛书"内容丰富，第一期共有9个分册，努力做到了课程与配套资源的互补，保证学生在课上和课下的学习都能得到全方位的支持。目前，育英学校将科技课程纳入课表，作为正式课程实施，面向每一位学生开展跨学科教学和实践育人活动，以师生行动助推科学教育不断完善和优化。

其中，《综合科学》有4个分册，重点关注学生怎么学，遵循"知—思—行—达"目标体系，以学生为主体，在内容和方法上培养学生的创新思维和创新能力。考虑到不同层次学生的学习需求，我们根据项目任务的难度和复杂程度对项目进行了分类，并依据解决每一个项目问题所用的思维方法确定主要的表现性任务，进阶地设计了不同级别的课程。在这一过程中，教师不仅是学习的指导者，还是学习过程的评估员。项目注重运用评价量规进行过程性评估和结果检测，以监督学生实实在在地开展综合性学习实践。

《科学研究指南》分册以科学研究的基本流程为内容，为学生进行自主探究提供帮助。整体框架以科学研究流程为基础，涵盖了提出问题、进行猜想与假设、制订计划与方案、收集与整理数据、分析与总结、得出结论、形成成果以及展示成果等环节。学生只需阅读全书并根据提示将思考记录下来，就能在不知不觉中完成一次完整的科学研究。

　　《综合科学　学生自主探究成果集》分册是在学生完成《综合科学》学习之后，以学生自主探究思考与实践所取得的成果为主要内容的30个作品集锦。

　　《初中数学建模》分册从初中数学内容出发，给出了15个数学模型案例，这些案例旨在培养学生运用数学语言描述实际问题，运用数学知识和信息技术手段分析和解决实际问题，从而激发学生数学学习和探究科学的内生动力，增强他们的科学创新能力。

　　《初中数学建模　学生自主探究成果集》分册是在学生完成《初中数学建模》学习之后，以学生自主探究思考与实践所取得的成果为主要内容的47个作品集锦。

　　《Python基础探究》分册由《Python基础探究　学习指南》和《Python基础探究　实践指南》组成，从学生的思维发展入手，引导学生去主动思考、构建逻辑、创新实践，让学生在自己的主动思考中获得成就。《Python基础探究　学习指南》以问题探究的方式引导学生带着疑问主动学习，在掌握基础知识的同时建立兴趣、厘清思维逻辑。《Python基础探究　实践指南》以项目实践的方式，引领学生带着知识和技术走进生活中的实际情境，探究使用计算机程序设计创造性地解决问题的方法。

　　"日出江花红胜火，春来江水绿如蓝。"科学教育的春天扑面而来，我们要抓住机遇、乘势而上，从育英学校的科技教育实践中汲取智慧、积蓄力量，因地制宜构建科技课程与资源体系，创新课堂教学方式，深入实施启发式、探究式、项目式学习，广泛开展丰富多彩的学生科技社团与兴趣小组活动，引导学生培养科学精神、增强科技自信自立、厚植家国情怀，编织当科学家的梦想，为中国式现代化提供有力的人才支撑。

中国教育科学研究院

曹培杰

前言

　　按照《义务教育数学课程标准（2022年版）》要求，每学期有10%的课时用来开展跨学科主题学习，并且给出了进阶式的内容安排，旨在培养学生的数学素养——会用数学的眼光观察现实世界、会用数学的思维思考现实世界、会用数学的语言描述现实世界。

　　正是在这种契机下，我们在教学实践中总结经验、改进模型后编写了这本《初中数学建模》。因为数学建模需要学生综合运用数学、科学、信息技术和其他学科的知识和技能，培养学生自主学习、综合分析和解决问题的能力。此外，将问题抽象化、建立模型、分析模型和解释模型等培养学生的逻辑推理能力、创造性思维和问题解决能力，从而培养学生的创新思维和创造力。数学建模还涉及收集、整理和分析数据，能够提高学生的数据分析和信息处理能力。总之，中学生通过学习数学建模，不仅能够提高数学学科的知识和技能，还能培养实际问题解决能力、跨学科综合能力、创新思维能力和团队合作能力。这些能力对学生的综合素质发展和未来的学习和职业发展具有重要意义。

　　本书从初中数学内容出发，共给出了15个数学模型，包括几何模型、比例模型、方程模型、最优化模型、函数模型和统计模型。本书力求：每个数学模型的问题都是生活中的重要问题，具有一定的代表性，通过该模型的探究，可以掌握一大类数学建模方法；每个数学模型学生都能够上手探究，但是也有巨大的上升空间，深度、难度可以上升到大学和研究生阶段，极大地为优秀学生提供展示平台；每个数学模型都会引导大家观察、画图或列表分析，再用数学表达式或方程、不等式、函数建立数学模型，而后进行模型求解、模型验证和模型拓展，逐步进阶。有些模型还将数学和信息技术相结合，来辅助求解或拓展。有的模型还给出了参考答案，供学习有困难的学生参考。

　　本书的绪论以及模型一、二、三、五、七、八、十、十二、十四由孙宇阳老师撰写，模型四、六、十一由强荣老师撰写，模型九、十三由丁曼旎老师撰写，模型十五由詹静老师撰写，全书由孙宇阳老师统稿。

目录

绪论

　　育英的校园农场是我们劳动实践的活的课堂，承载着我们的科学实践梦想。《义务教育数学课程标准（2022年版）》确立了以培养数学核心素养为导向的课程目标，数学核心素养是学生会用数学的眼光观察现实世界、会用数学的思维思考现实世界、会用数学的语言表达现实世界。数学建模是培养学生核心素养的重要方法，也是培养学生创新意识和创新能力的重要途径。

　　什么是数学建模？数学建模怎么做？中学生能做数学建模吗？答案就在本书，快来跟着我们一起学习吧。

1. 数学建模的内容、步骤和意义

　　数学建模是指利用数学方法和技术来描述和解决现实世界中的问题。它涉及将实际问题抽象化为数学模型，并使用数学工具进行分析、预测和优化。

　　数学建模的内容可以涵盖各个领域和学科，包括自然科学、工程技术、社会科学等。它可以用于描述和解决各种问题，如物理现象、经济市场、生态系统、流体力学、交通流量等。数学建模可以涉及不同的数学分支，如微积分、概率论、线性代数、优化理论等。

　　数学建模主要包括图0-1所示步骤。

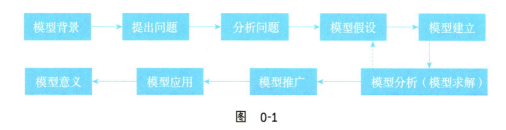

图　0-1

　　模型背景：这里的模型背景就是实际背景，指的是我们要解决或研究的实际问题的真实环境、情境或场景。这个实际背景通常包含了问题产生的历史、社会环境、经济因素等多个方面。在数学建模中，了解实际背景有助于明确建模的目的、理解问题的本质、抓住问题的关键点，并据此选择合适的数学工具和方法来构建模型。同时，它也是我们判断模型有效性和实用性的依据。

提出问题：提出问题是整个建模过程的起始阶段，也是至关重要的一步。我们可以提出很多问题，但是要对问题进行识别，分析哪些问题可量化，识别出需要建模的问题或现象，即明确建模目的，搜索必要信息，弄清对象的主要特征，形成一个比较清晰的"问题"。在这个阶段要深入调查研究，虚心向实际工作者请教，尽量掌握第一手资料。

分析问题：分析问题是一个关键阶段，它涉及对实际问题的深入理解和剖析。这一阶段的目标是明确问题的结构，确定关键因素、识别潜在假设和简化条件，以便能够将其转化为一个可以用数学方法处理的模型。

模型假设：模型假设是根据对象的特征和建模目的，抓住问题的本质，忽略次要因素，做出必要的、合理的简化假设。对于建模的成败这是非常重要和困难的一步。假设不合理或太简单，会导致错误的或无用的模型；假设做得过分详细，试图把复杂对象的众多因素都考虑进去，会使你很难或无法继续下一步的工作。常常需要在合理与简化之间做出恰当的折中，要不断积累经验，充分发挥对事物的洞察力和判断力。

模型建立：模型建立是根据假设，用数学的语言描述对象的内在规律，得到一个数学结构。这里除了需要一些相关的专业知识外，还常常需要丰富的应用数学方面的知识，要善于发挥想象力，注意使用类比法，分析对象与其他熟悉的对象的共性，借用已有的数学模型。建模时还应遵循的一个原则是尽量采用简单数学工具，因为你的模型总希望更多的人了解和使用，而不是只供少数人欣赏。根据实际问题的特征和要求，选择适当的数学模型，将问题转化为数学表达式或方程组等。

模型分析：这里的模型分析包含了模型求解部分，使用各种数学方法和计算机技术对模型求解，并对求解结果进行数学上的分析，如对结果进行误差分析、分析模型对数据的稳定性或灵敏性等，探索模型的性质、行为和解的特征。把求解和分析结果翻译回到实际问题，与实际现象、数据进行比较，检验模型的合理性与适用性，评估模型的准确性和可靠性。如果结果与实际不符，问题常常出现在模型假设上，应该修改或补充假设，重新建模。这一步对于模型是否真的有用是非常关键的，要以严肃、认真的态度对待。

模型推广：通过分析模型的适用范围、限制条件以及在不同场景下的适用性，从特殊到一般进行模型推广。

模型应用：模型应用是根据模型的分析和验证结果，提出问题的解决方案或预测结果，并进行实际应用和决策支持，这与问题的性质、建模的目的以及最终结果有关。在这里模型应用属于阅读内容，了解模型可以推广的目标领域或场景。

模型意义：数学建模在科学研究和实际应用中具有重要的意义。在理论研究方面，数学建模可以帮助科学家深入理解问题的本质，揭示问题的规律和机制，推动学科的发展。在工程应用方面，数学建模可以为工程师提供设计、优化和决策支持，帮助他们解决实际工程问题，提高工作效率和工程质量。在决策支持方面，数学建模可以为决策者提供科学依据和预测结果，帮助他们制定合理的决策和政策，优化资源分配和管理。在环境保护方面，数学建模可以用于预测和评估环境影响，指导环境保护和资源管理，促进可持续发展。在经济发展方面，数学建模可以分析市场行为、经济趋势和风险管理，为企业和政府制定战略和政策提供支持。综上所述，数学建模通过抽象、分析和优化实际问题，为科学研究和实际应用提供了重要的工具和方法，对推动技术进步、提高决策效果和解决实际问题具有深远的意义。这部分内容供读者了解每个模型研究的意义。

拓展阅读：这部分我们可能给出模型的一般解法，或是求解方法或求解过程的历史等相关资料，供读者阅读和了解。

在数学建模中，我们需要特别注意以下几点。

（1）**模型选择。**数学建模涉及选择适当的数学模型来描述问题。模型可以是确定性的（使用确定的方程和参数）或是概率性的（使用概率分布和随机变量）。模型的选择要考虑问题的特点、可用数据和研究目标。

（2）**参数估计。**在数学建模中，需要确定模型中的参数值。参数估计是通过使用已知数据或实验结果来确定模型参数的过程。统计方法如最小二乘法和极大似然估计可用于估计参数值。

（3）**模型验证。**验证是确保数学模型在描述现实问题时的准确性和可靠性的重要步骤。模型验证涉及将模型的结果与实际数据或观察结果进行比较。验证过程可以包括拟合度、误差分析、敏感性分析和模型预测的可靠性评估。

（4）**模型求解**。模型求解通常需要使用数值方法和计算工具。数值方法如迭代算法、优化算法和数值逼近可用于求解模型的解析解或数值解。计算工具如Matlab、Python、Lingo、SPSS、Excel等帮助模型的求解。

（5）**敏感性分析**。敏感性分析是评估模型输出对输入参数变化的敏感程度。通过敏感性分析，可以确定哪些参数对模型结果影响最大，从而帮助识别重要的参数和改进模型的可靠性。

（6）**模型优化**。模型优化是数学建模中的一个重要方面，旨在找到最佳解决方案。优化方法如线性规划、非线性规划和整数规划可用于最大化或最小化目标函数，同时满足约束条件。

（7）**模型应用和解释**。数学建模的结果用于解决实际问题和支持决策。解释模型的结果和预测对与利益相关者和决策者进行有效沟通和决策支持至关重要。

（8）**模型更新和改进**。随着新数据和信息的不断出现，数学模型需要进行更新和改进。模型更新可以通过重新估计参数、添加新的约束条件或改进模型结构来实现。

数学建模是一个动态的过程，需要不断地评估和改进。在实践中，数学建模的具体方法和技术取决于问题的特性和可用的资源。因此，灵活性和创造性在数学建模中也是非常重要的因素。

2. 数学建模对中学生能力的培养

初中生学习数学建模，可以提升如下几方面的能力。

（1）**实际问题解决能力**。数学建模培养学生将抽象的数学概念和方法应用于实际问题的能力。它帮助学生了解数学的实际应用，并培养他们解决现实生活中问题的能力。

（2）**跨学科综合能力**。数学建模需要学生综合运用数学、科学、信息技术和其他学科的知识和技能。通过数学建模的学习，学生能够跨学科地思考和学习，提升综合分析和综合解决问题的能力。

（3）**数学思维能力**。数学建模鼓励学生发展数学思维，包括问题抽象化、模型建立、模型分析和解释等。这种思维方式有助于培养学生的逻辑推理能力、创新能力和问题解决能力。

（4）**独立学习和团队合作能力。在**数学建模的学习过程中，学生需要进行独立思考和自主学习，同时也需要与同伴进行团队合作，从而培养了学生的独立学习能力和团队合作精神。

（5）**数据分析和信息处理能力。**数学建模涉及收集、整理和分析数据，并从中提取有用的信息。学生通过数学建模的学习，能够提升数据分析和信息处理的能力，培养数据素养。

（6）**创新思维和创造力。**数学建模鼓励学生思考新颖的解决方案和创新的方法。它培养了学生的创新思维和创造力，激发他们对数学的兴趣和探索的欲望。

（7）**实践应用意识。**数学建模使学生意识到数学的实际应用价值，并能够将所学的数学知识应用于实际问题中。这有助于增强学生对数学的兴趣和学习动力。

总的来说，中学生通过学习数学建模，不仅能够提高数学学科知识和技能，还能培养实际问题解决能力、跨学科综合能力、创新思维和团队合作能力等。这些能力对学生的综合素质发展和未来的学习和职业发展具有重要意义。

3. 几种常见的初等数学模型

初中学习的数学模型都是初等数学模型。初等数学模型是指基于初等数学知识和技巧建立的简单数学模型。图0-2所示是一些常见的初等数学模型。

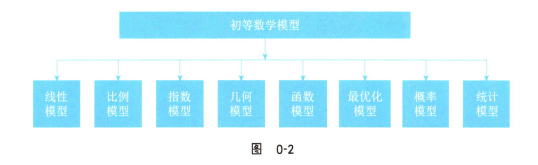

图 0-2

线性模型。线性模型是最简单的数学模型之一。它假设变量之间存在线性关系，并用线性方程或线性函数来描述。例如，利用线性模型可以描述两个变量之间的直线关系，如速度和时间的关系。

比例模型。比例模型假设两个变量之间存在比例关系，可以用比例方程或比例函数来表示。比例模型适用于描述一种量随着另一种量的变化而成比例增加或减少的情况。

指数模型。指数模型描述的是一种变量随着时间、增长或衰减而呈指数级变化的情况。指数模型常用于描述人口增长、物质衰变等现象。

几何模型。几何模型基于几何图形和形状的性质建立，如使用几何模型可以计算三角形的面积、圆的周长等。

函数模型。函数模型是指利用已知、未知条件建立方程函数，让这种函数成为解决这类问题的模型。每种函数模型对应不同的函数图象，如一次函数模型、二次函数模型、指数函数模型、对数函数模型、分段函数模型等。

最优化模型。最优化模型是寻找最大值或最小值的数学模型。它涉及确定一个目标函数和一组约束条件，以找到使目标函数取得最优值的变量值，如线性规划模型就是一种常见的最优化模型。

概率模型。概率模型用于描述随机事件的发生概率。它涉及概率分布、随机变量和概率密度函数等概念。概率模型可以用于预测和分析随机事件的结果。

统计模型。统计模型是对于生活中的问题，无法直接分析研究对象之间的内在联系，通常要收集大量的数据，基于对数据的统计分析建立数学模型等。

这些是初等数学模型的一些常见示例，它们基于基础的数学概念和方法，用于描述和解决各种实际问题。初等数学模型的特点是简单、易于理解和应用，适合初中生学习和实践。

接下来给出两个简单的数学建模问题供大家感受数学建模的魅力。

鸡兔同笼问题

一个笼子里放了若干只鸡和兔子，只知道共有8个头、22只脚。问：笼子里鸡和兔子各有多少只？

解法一（图表法）：如果没有学过方程的小学生拿到这个题，该如何做？可能的做法见表0-1和表0-2。

表　0-1

鸡的数目	1	2	3	4	5	6	7	8	9	10	11	12
鸡脚数目	2	4	6	8	10	12	14	16	18	20	22	24

表　0-2

兔子数目	1	2	3	4	5	6
兔脚数目	4	8	12	16	20	24

观察表0-1中的鸡脚数目和表0-2中的兔脚数目什么时候加起来等于22，会获得答案。题目中提到笼子里共有22只脚，因此答案可能为：①鸡的数目为11，兔的数目为0；②鸡的数目为9，兔的数目为1；③鸡的数目为7，兔的数目为2；④鸡的数目为5，兔的数目为3；⑤鸡的数目为3，兔的数目为4；⑥鸡的数目为1，兔的数目为5。这些答案都满足题目的第二个要求，即脚的数目要求。但是题目还有一个条件，头的个数为8，这种情况下，答案只能是④：5只鸡、3只兔子。

这种方法看起来笨拙，但此解决问题的方法却是数学建模中最常使用的枚举法，也是图表法。学生应该熟练掌握这种方法。尤其是如果学生有较好的编程基础，使用这种方法效率会很高。

解法二（方程法）： 设鸡的个数为x，兔子的个数为y，则根据题意有方程组：

$$\begin{cases} x + y = 8 , \\ 2x + 4y = 22 。 \end{cases}$$

解方程得：$\begin{cases} x = 5 , \\ y = 3 。 \end{cases}$

方程法看起来简单有效，但是学生要学过二元一次方程组的知识才能使用该方法，所以要求较高。

我们举这个例子是想说明，数学建模使用什么方法取决于问题的背景和学生对数学知识掌握的程度。就数学建模本身而言，方法没有优劣之分。当然，如果要将模型扩展，有更广的实用性的话，方程法更具有一般性。

寒假开车回家问题

小明放寒假跟随爸爸妈妈开车从北京到濮阳，北京到濮阳的距离约为600km，小明爸爸开车的速度是120km/h。问：小明从北京到濮阳路上要花多少时间？

解法： 这个题目看起来非常简单，路程÷速度=时间，即600÷120=5（小时），所以小明从北京到濮阳路上要花5小时。

但是这个答案正确吗？从数学的角度来看没有任何问题。但是真实情况是什么？小明爸爸开车5小时不休息吗？中途不上厕所、不吃东西吗？比较合理的是需要考虑途中至少有40分钟休息、吃饭、上厕所的时间。所以合理的时间应该是5小时40分钟。学生可能会问：那这样的话，数学建模的答案不就是不唯一的吗？如果休息半个小时呢？如果路上堵车了呢？那怎么算？是的，学生的问题非常好！数学建模通常没有唯一答案，没有所谓的标准答案，只有相对合理的答案，相对最优的答案，这也就是数学建模的魅力所在。

总之，数学建模就是将实际问题"翻译"成数学问题，即将现实问题"翻译"成抽象的数学问题，这一过程属于归纳法。数学模型的求解是通过选择适当的数学方法求得数学模型的解答，这一过程则属于演绎法。模型解释是将数学语言表述的数学模型的解答"翻译"回实际对象，给出分析、预测、决策或者控制的结果。最后，作为这个过程的最重要一环——模型检验，是用现实对象的信息来检验得到的解答是否符合实际。

数学建模过程是创造性思维的过程，需要丰富的想象力和敏锐、深刻的洞察力。所谓想象力就是通过联想找出不同现象间的联系和共同点，进而加以类比。所谓洞察力就是针对某一现象能很快地抓住现象的本质，分清层次，抓住其主要方面并对解决问题的方法做出选择。兴趣是学习的动力，要努力培养自己对数学建模的浓厚兴趣。数学建模是一门实践性极强的课程，在实践中学习数学建模是最好的学习方法。

类型 一

几何模型

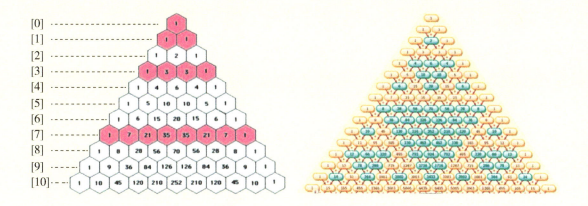

模型一：球装箱模型

学习目标 >>>

（1）会用数学的眼光发现并提出球装箱可以研究的数学问题。

（2）能够围绕问题设计可行的探究方案，包括变量控制，从特殊到一般，发现规律，得出结论。

（3）能够发展数学建模能力，选择恰当的模型求解，并对结论的有效性进行分析。

（4）修正和完善自己的方案，发展反思能力。

📁 模型背景

我们都有这样的生活经验：往罐子（口袋）里装大米，当大米装满罐子（口袋）时，我们使劲摇几下，还可以再装一些大米进去；向密封塑料袋里装茶叶时，看到袋子装满了，我们将塑料袋抖几下，就可以再装一些茶叶进去。这是什么原因？其中蕴含着什么样的数学知识呢？

我们去农场采摘苹果，果农拿出一个纸箱子，对你说："50元一箱，你随便装，装多少都是你的。"如图1-1所示。此时你当然希望箱子里装的苹果尽可能多。那你该如何装箱？装的苹果是尽可能大小一样，还是有大有小呢？

图　1-1

这些装箱问题在生活中随处可见，如寄快递，家里堆放玩具、书本、衣服等。下面从数学的角度去探究这一问题。

（1）根据以上情境，你能提出什么可探究的问题？逐条写下来。

（2）从提出的问题中，分析哪些需要做假设，哪些需要进一步深入探究，且用什么数学语言来表述。

分析问题

如何从实际问题抽象出数学模型，这是数学建模最重要的一步。从具体到抽象是数学核心素养的能力之一，也是数学建模培养学生创新能力最关键的一环。

为了将一个宽泛而且抽象的问题具体化，我们可以考虑一些特殊情形。

（1）准备一副围棋，在一张A4白纸上摆放棋子，看谁摆的棋子最多（棋子不能重叠），并将摆的棋子拍下来贴在或者画在下面。

（2）准备一个透明的玻璃盒子（形状不限）和一些大小不同的球（球的大小不限，选定了就用同一种球）。

举例：如图1-2所示，学生可以在课堂上向玻璃盒子中装乒乓球，看谁装的乒乓球最多。并将堆放图形拍下来贴在或者画在下面。

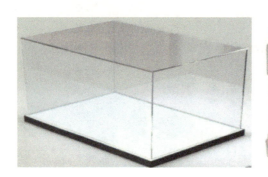

图　1-2

模型假设

根据上面的实验以及我们已掌握的知识，思考什么形状的玻璃盒子继续探究更方便，什么样的球能继续探究，为此你需要做出哪些假设。

模型建立

球装箱问题（Sphere-Packing Problem）是指在给定一定数量的球体和一个容器的情况下，如何选择球体的摆放方式，使得球体能够尽可能地填满容器，并且球体之间不会产生重叠。

建立模型需要用到数学表达，那么该用什么样的数学知识去建立模型呢？前面我们介绍向罐子里装大米，当大米装满罐子时，如果我们使劲摇几下罐子，还可以再装进去一些大米,这是什么原因呢?其中蕴含什么数学知识呢?用文字或是数学符号描述出来。

如果你觉得三维的球建模较为困难,可先考虑二维问题,然后再探究三维问题。从低维推广到高维,这是数学研究中常用的思维方法。即低维情形弄清楚后再去考虑高维情形。如此,可以先考虑平面上的装球问题,此时球变成了圆。于是我们就有两个数学模型。

1. 二维球(圆)装箱问题

在一个正方形里不重叠摆放半径相同的圆,如何摆放能使得正方形面积与所有圆的面积之和的差最小?

数学表述: 在一个边长为a的正方形里放半径为r的圆,如何摆放能使得正方形里的圆最多?个数为多少?

数学模型: 设圆的个数为n,则模型就是计算当n等于多少时,函数值$f(n)=a^2-n\pi r^2$最小?

问题求解: 对于以上模型,在已知正方形的边长和圆的半径,以及圆的个数时,很容易计算$f(n)$。但是当要求在n等于什么值时,$f(n)$最小,这个问题就不简单了。如果学生有计算机编程基础,可以编程实现。如果不会编程,那就使用计算器多算一些$f(n)$。下面我们先考虑几种特殊的圆的摆放方式,看看能不能发现规律。

①正方形里只放1个圆,如图1-3所示。

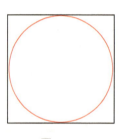

图 1-3

显然，当圆为正方形的内接圆时，即圆与各条边都相切，此时正方形的面积与圆的面积之差值最小。设正方形的边长为a，则正方形的面积与圆的面积的差为：

$$S = a^2 - \pi\left(\frac{a}{2}\right)^2 = a^2\left(1 - \frac{\pi}{4}\right)。$$

②正方形里只放4个大小相同的圆，如图1-4所示。

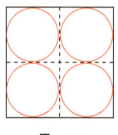

图 1-4

同样地，设正方形的边长为a，4个圆各自都与正方形的边相切，则正方形的面积与4个圆的面积之和的差为：

$$S = a^2 - 4\pi\left(\frac{a}{4}\right)^2 = a^2 - 4\pi\frac{a^2}{16} = a^2\left(1 - \frac{\pi}{4}\right)。$$

③正方形里只放9个大小相同的圆，如图1-5所示。

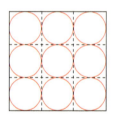

图 1-5

与②类似，设正方形的边长为a，9个除最中间的圆外，其他圆各自都与正方形的边相切，则正方形的面积与9个圆的面积之和的差为：

$$S = a^2 - 9\pi\left(\frac{a}{6}\right)^2 = a^2 - 9\pi\frac{a^2}{36} = a^2\left(1 - \frac{\pi}{4}\right)。$$

④更进一步，如果正方形里按照这种排列方式放了n的平方个大小相同的圆，那么正方形的面积与所有圆的面积之和的差是：

$$S = a^2 - \pi n^2\left(\frac{a}{2n}\right)^2 = a^2 - \pi n^2\frac{a^2}{4n^2} = a^2\left(1 - \frac{\pi}{4}\right)。$$

至此，我们得出结论：**在正方形里按照这种规范排列方式，无论摆放多少个球，正方形的面积与所有圆的面积之和的差是一个常数。**

对以上模型及求解过程，你有什么质疑吗？写出你的质疑和思考。后面我们将对以上模型再进行分析。

2. 三维球装箱问题

在一个立方体里堆放半径相同的球，如何堆放能使得立方体的体积与所有球的体积之和的差最小？球的个数为多少？

数学表述： 在一个边长为a的立方体里放半径为r的球，如何摆放能使得立方体里的球最多？球的个数为多少？

数学模型： 设球的个数为n，则模型就是计算当n等于多少时，函数值$f(n) = a^3 - \frac{4}{3}\pi r^3$最小。

模型求解： 仿照二维装圆问题，思考三维球装箱问题。

我们先用直观的思维考虑一种特殊的三维球体装箱问题。

①在一个边长为a的立方体内摆放一个尽可能大的球体，如图1-6a所示，它与立方体的6个面都相切。此时立方体与球体的体积之差为：

$$a^3 - \frac{4}{3}\pi\left(\frac{a}{2}\right)^3 = a^3\left(1 - \frac{1}{6}\pi\right)。$$

②如果同样大小的立方体里面堆放8个大小相同的球，如图1-6b所示，则立

方体与这8个球的体积之和的差为：$a^3 - 8 \times \dfrac{4}{3}\pi(\dfrac{a}{4})^3 = a^3(1 - \dfrac{1}{6}\pi)$。

③在同样大小的立方体里堆放27个大小相同的球，如图1-6c所示，则此时立方体与球体的体积之差为：$a^3(1 - \dfrac{1}{6}\pi)$。

④按照这种方式在立方体里堆放球，不管里面堆放多少个球，立方体与所有球体的体积之差都是：$a^3(1 - \dfrac{1}{6}\pi)$。

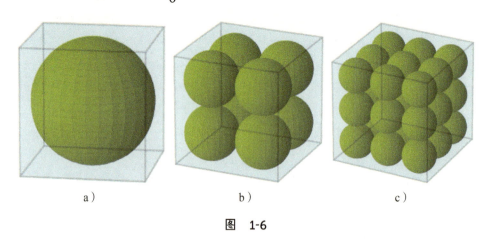

a)　　　　　　　b)　　　　　　　c)

图　1-6

至此，我们得出结论：在立方体里按照这种规范排列方式，即当放入n的立方个球时，无论摆放多少个球，立方体的体积与所有球的体积之和的差是一个常数。

对以上球装箱模型及求解过程，结合自己动手摆球的过程，你有什么质疑吗？写出你的质疑和思考。

模型分析

对于以上两个模型，在已知正方形（立方体）边长和圆（球）的半径，以及圆（球）的个数时，很容易计算出正方形（立方体）与里面的所有圆（球）的面积（体积）之和的差值$f(n)$。如果根据以上两个模型的圆（球）的排列方式堆积，差值$f(n)$是一个常数。那么球堆积问题是不是就彻底得到解决了呢？事实上，问题远远没有得到解决。前面给出的圆（球）的排列方式并没有从理论上证明是最优的。

我们看看下面这种排列方式：图1-7a中，正方形里放了9个圆，图1-7b中则放了10个圆，图1-7b的"杂乱"放置方式比图1-7a的规整放置方式放的要多1个圆。

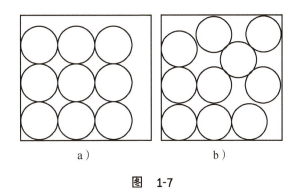

图   1-7

我们再来看下面的排列方式：图1-8a中的圆有10排、11列，共放置了110个圆；图1-8b中同样大小的正方形里的圆共有11排，其中6排各放置了11个、5排各放了10个，总共放置了66+50=116个，比图1-8a多放了6个圆！

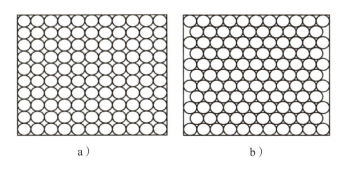

图   1-8

这两个例子充分说明了我们前面给出的模型不是最优的。我们将此问题列在后面作为思考探究问题，请同学们自己去建立模型并求解。

思考❓

问题1： 在圆排列模型中，我们给出了一个例子，圆有10排、11列，如图1-8a所示，这是一个长方形。你是否也可以构造一个正方形，交错排列比典型的标准排列堆积的圆要多？

问题2： 你能找出图1-8a和图1-8b的排列方式有什么本质不同吗？从理论上解释图1-8b的堆积方式比图1-8a的要优。

问题3： 类似于平面上圆的堆积方式，你能猜想出立方体里小球的堆积方式吗？为什么？

📋 模型推广

所谓模型推广，就是将模型适用的范围扩展到更一般的情形。在数学模型中，可以修改模型参数，可以将低维推广到高维，从简单到复杂，从特殊到一般等，这些都是模型推广。一个模型具体做何推广，要看模型的具体问题来源。对于我们现在探究的球装箱问题，最合理的推广就是考虑箱子的一般性和球的一般性两者中的一种，或者两种情形都考虑。箱子的一般性是指装球的箱子从我们前面探讨的立方体推广到长方体，也可以考虑更为一般的多面体，甚至还可以考虑更高维数的装箱问题。乌克兰数学家玛丽娜·维亚佐夫斯卡因解决了8维空间和24维空间中的球堆积问题，于2022年获得了数学领域的最高奖项之一的菲尔兹奖。对于我们探讨的球装箱模型，之前界定球是同样大小的，我们也可以考虑球具有不同的半径，这也是一种模型推广。但是在推广的模型中，有多少种不同半径的球？每种半径有多少个球？或者不同半径的球的比例如何？建立这类模型是非常复杂的，本书很难予以解释清楚，同学们在以后的学习中再进行探究。

　　综上所述，目前来看比较合理又可行的球装箱模型推广就是将装球的立方体推广成长方体，而球的半径相同。此时，由于球的半径相同，因此球堆积的最密的方式依然是图1-6所示的堆积方式及面心立方堆积方式。本质上来说，立方体和长方体内堆积球的数学模型是一样的，所需要做的就是从长方体内切出来一个最大的立方体，同学们可以对此进行思考。

模型应用

　　数学理论研究的成果往往领先于科学技术产生的时代，当社会和生产力还没有发展到足够成熟的阶段，很多数学理论就凭借其严谨的逻辑，开放出了绚丽的花朵。当科学技术和生产力与数学一旦出现交集时，就会结出意想不到的丰硕果实。

促进互联网的诞生

　　20世纪70年代晚期，一位名叫戈登·朗的工程师利用8维开普勒猜想⊖（Kepler Conjecture）的解法研制出了新的调制解调器，这不仅大大提高了信息传播的效率，还促进了互联网的诞生。

信息论的基石

　　牛顿问题⊜取得突破是由现代通信技术领域的应用数学家们首先做出的。20

⊖　参见本模型的"拓展阅读"。
⊜　参见本模型的"拓展阅读"。

世纪50年代前后，美国数学家、信息论的创始人香农和他的团队在研究电信信号的数字化问题时，用球堆积理论描述电信信号的思想，使得球堆积理论成为信息论的理论基石。在探究如何采用高维空间球的格堆积来传输尽可能多的信号时，他们确定出了和一个球相切的最多球数的一个下界。此后，关于格点型牛顿问题的研究开始取得喜人的成果。

解释生活中的现象

我们还可以用它来解释生活中的一些现象，为什么固体中金属比木头要硬呢？直观理解是金属的原子之间更加紧凑，那是如何紧凑的呢？像常见的金、银、铜等金属的原子就是面心立方堆积，而镁、锌和钛等金属采用的是六方最密堆积；对于同一种原子或者分子，它们的堆积方式不同，构成的物质的性质也不同，比如石英和玻璃都是二氧化硅，但石英是六方最密堆积，玻璃的排列则是无规律的。人们把原子或分子有规律地排成的物质称作晶体，这是开普勒猜想对化学的应用。

诱发新的研究方向

英国数学家哈里奥特研究了多种球体的堆积模式，发展出早期的原子论，为晶体结构理论奠定了基础。

数学家们在探索证明开普勒猜想和牛顿问题的过程中，引进了许多新的概念与方法，创立了一个新的数学分支——图论，也催生了拓扑学的诞生。

在解决数学问题遇到困难的时候，数学家们采取的一个方法就是变换问题的条件。经过条件的扩张，开普勒猜想和牛顿问题就被从具有现实直观背景的二维和三维空间推广到了更高的n维空间。数学家们又进一步地把球堆积问题推广到了一般凸几何体的堆积问题，从而发展出了一个重要的数学分支——离散几何，专门研究高维空间中凸几何体的堆积现象。

经过条件的限制，数学家们又将任意n维空间中的球心置于特殊的整点位置，这就形成了格点型的开普勒猜想和牛顿问题，由此也发展出了一个新的数学分支——几何数论或者数的几何，通过格的几何度量去研究整数的性质，开拓了数论和几何研究的新方法。

　　开普勒猜想的突破正是肇始于格点型的研究。1773年，法国数学家拉格朗日证明了最简单的格点型开普勒猜想，球的格堆积密度的上确界是 $\dfrac{\pi}{\sqrt{12}}$。1831年，高斯借鉴拉格朗日的方法，巧妙地利用正定二次型在整点存在极小值的方法，取得了很多成果，证明了格点型开普勒猜想在三维空间里，球的格堆积密度的上确界就是 $\dfrac{\pi}{\sqrt{18}}$。

模型意义

　　球装箱问题看起来非常简单，中小学生都能理解，也容易上手。但是实际上深入进去，就会发觉问题非常难，甚至是世界著名难题之一（见本模型的"拓展阅读"）。球体在空间的堆积可以有无限多种方式，即使在面心立方晶体的情况下，每个球与其他球接触时都有较大的空隙，所以每个球都会有移动的空间。另外，当球的数目趋向于无穷时，球堆积密度又涉及极限的问题。正是由于诸如此类的困难，开普勒没有能够从数学上严格地证明球堆积密度的上确界问题。对于这样一个著名难题，如何从理论上去证明我们前面给出的几种交错堆放方式是最佳的呢？

 拓展阅读

球装箱问题的相关历史

　　球装箱问题（Sphere-Packing Problem），也称为开普勒猜想。这个问题是：在一个体积为 L 的容器里，最多可以放多少个半径为 r 的球？如果球的数量为 N，把 $\dfrac{N \cdot \frac{4}{3}\pi r^3}{L} < 1$ 看成是容器里的装球密度，球装箱问题便是要找出这个密度的上确界，并找出具体的装箱方法。

1611年，德国著名的天体物理学家开普勒提出了一种球体装箱的方法，并猜想这是一种"最密的"装箱方法。他的方法是这样的：考虑一个边长为2的正立方体，分别以它的8个顶点及6个面的中心为球心，以$\frac{\sqrt{2}}{2}$为半径作球，因此在这正立方体内，球的体积便有4个整球的体积（8个角，每个角有$\frac{1}{8}$个球；6个面，每个面有$\frac{1}{2}$个球），所以密度如下：

$$\frac{4 \times \frac{4\pi}{3}(\frac{\sqrt{2}}{2})^3}{2^3} = \frac{\pi}{\sqrt{18}}。$$

也就是说，开普勒认为球体装箱的密度上确界为$\frac{\pi}{\sqrt{18}}$，并以$\frac{\pi}{\sqrt{18}}$为最密。

不过，是否是最密呢？开普勒没有证明。

17世纪末，牛顿和苏格兰数学家格雷戈里在讨论太阳系行星的有关问题时，提到了一个简化版的开普勒问题，即一个球同时与12个同样大小的球相切是没有争议的。格雷戈里是一位牛顿学说的追随者，他崇敬牛顿，但是不盲从牛顿。由于他的几何直观能力很强，就想到以正二十面体的12个顶点为中心的球都可以与位于正二十面体中心的一个球同时相切，而且这些球之间还存在很多空隙，经过适当的移动，也许可能至少再放进一个球去与中心那个球相切。不过，牛顿坚持认为，那个球是不可能放进去的。他们也都没有能够给出各自结论的数学证明。这个看似比开普勒猜想简单得多的问题，实际上也成为一个长期未解决的数学难题，被称为"牛顿问题"。"外切球的个数"称为"牛顿数"。

直到1831年，德国数学家高斯证明了开普勒猜想在格点型装箱法是成立的，所谓格点型是当用坐标表示时，所有的球心都在坐标和是偶数的整数点上。

1883年，英国数学家巴洛证明对非格点装箱，密度的极限值为$\frac{\pi}{\sqrt{18}}$。

1900年，在巴黎召开的第二届国际数学家大会上，德国数学家希尔伯特提出了著名的23个问题，其中开普勒猜想被列为第18个问题的一部分：如何平移堆放无穷多个同样的物体，比如球体和正四面体，使得其堆积密度最大？1992年，在巴黎举行的首届欧洲数学家大会上，组织者根据开普勒猜想，用许多乒兵球和一只透明的纸箱，设计了一个超大的模型，悬挂在大会报告厅最醒目的位置。一是为了纪念希尔伯特1900年在此提出的23个数学问题，二是在提醒数学家们，开普勒猜想依然是个未解之谜。

1940年，英籍匈裔数学家拉卡托斯成功证明在二维欧几里得平面中"六边形"排列是最优解。

1953年，荷兰数学家科特·舒特和范·德·维尔登成功证明三维牛顿数是12。

1958年，英国数学家罗杰斯给出了球堆积密度的上确界是0.7797。

1993年，美国数学家莫德尔经过创新的计算思路，将球堆积密度上确界的数值逼近到了0.773053。

参考编程

模型分析问题1参考编程

```python
1. import matplotlib.pyplot as plt
2.
3.
4. def draw_square_with_circles(n):
5.     # 定义正方形的边长
6.     side_length = 2
7.
8.     # 计算小正方形的边长
9.     small_side_length = side_length / n
10.
11.     # 计算内切圆的半径
12.     radius = small_side_length / 2
13.
14.     # 创建小正方形和内切圆的列表
15.     squares = []
16.     circles = []
17.
18.     for i in range(n):
19.         for j in range(n):
20.             # 计算小正方形的左下角坐标
```

```
21.            x = i * small_side_length
22.            y = j * small_side_length
23.
24.            # 创建小正方形和内切圆
25.            square = plt.Rectangle((x, y), small_side_length, small_s
    ide_length, linewidth=2, edgecolor='black', facecolor='none')
26.            circle = plt.Circle((x + radius, y + radius), radius, lin
    ewidth=2, edgecolor='red', facecolor='none')
27.
28.            # 将小正方形和内切圆添加到列表中
29.            squares.append(square)
30.            circles.append(circle)
31.
32.
33.    # 创建一个绘图窗口，设置大小为正方形
34.    fig, ax = plt.subplots(figsize=(6, 6))
35.
36.    # 添加小正方形和内切圆到绘图窗口
37.    for square, circle in zip(squares, circles):
38.        ax.add_patch(square)
39.        ax.add_patch(circle)
40.
41.    # 设置坐标轴范围
42.    ax.set_xlim(-0.1, side_length + 0.1)
43.    ax.set_ylim(-0.1, side_length + 0.1)
44.
45.    # 设置坐标轴刻度
46.    ticks = [i * small_side_length for i in range(n + 1)]
47.    ax.set_xticks(ticks)
48.    ax.set_yticks(ticks)
49.
50.    # 添加网格线
51.    ax.grid(False)
52.
53.    # 隐藏坐标轴
54.    ax.axis('off')
55.
56.    # 显示图形
57.    plt.show()
```

```
58.
59.
60. draw_square_with_circles(3)
```

在60行调用函数时，设置具体的n（此处为3），即可选择画图的结果，如图1-9所示。

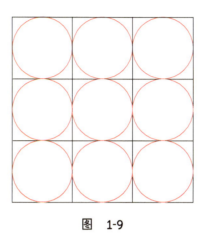

图   1-9

模型分析问题2参考编程

```
1. import matplotlib.pyplot as plt
2. from matplotlib.patches import Rectangle, Circle
3.
4.
5. def derangement(num, radius, box_width, box_height):
6.     fig, ax = plt.subplots()
7.
8.     # 绘制箱子
9.     box = Rectangle((0, 0), box_width, box_height, linewidth=2, edgecol
    or='black', facecolor='none')
10.    ax.add_patch(box)
11.
12.    for i in range(num):
13.        k = i
14.        if i < 2:
15.            i = i
16.        else :
17.            i = i % 2
```

```python
18.        x = i * 1 * radius   # 每层的偏移量
19.        y = k * 1.8 * radius
20.
21.        for j in range(num - k % 2):
22.            circle = Circle((x + j * 2 * radius + radius, y + radius)
    , radius, linewidth=2, edgecolor='black', facecolor='none')
23.            ax.add_patch(circle)
24.
25.    ax.set_xlim(-radius, box_width + radius)
26.    ax.set_ylim(-radius, box_height + radius)
27.    ax.set_aspect('equal')
28.    ax.axis('off')
29.    plt.show()
30.
31.
32. def aligned(num, radius, box_width, box_height):
33.     fig, ax = plt.subplots()
34.
35.     # 绘制箱子
36.     box = Rectangle((0, 0), box_width, box_height, linewidth=2, edgec
    olor='black', facecolor='none')
37.     ax.add_patch(box)
38.
39.     for i in range(num-1):
40.         x = i * 0 * radius   # 每层的偏移量
41.         y = i * 2 * radius
42.
43.         for j in range(num):
44.             circle = Circle((x + j * 2 * radius + radius, y + radius)
    , radius, linewidth=2, edgecolor='black', facecolor='none')
45.             ax.add_patch(circle)
46.
47.     ax.set_xlim(-radius, box_width + radius)
48.     ax.set_ylim(-radius, box_height + radius)
49.     ax.set_aspect('equal')
50.     ax.axis('off')
51.     plt.show()
52.
53.
```

```
54. # 调用函数绘制二维球装箱示意图，参数为层数、球的半径、箱子的宽度和高度
55. aligned(11, 0.25, 5.5, 5)
56. derangement(11, 0.25, 5.5, 5)
```

结果如图1-10所示。

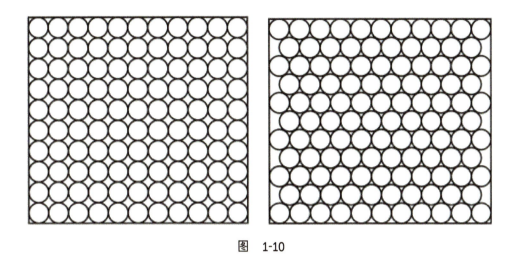

图　1-10

模型二：自相似模型

（1）了解自相似模型的构造方法，掌握相关的计算机编程技术。

（2）用递归方法画出常见的几种自相似图形。

（3）感受自相似结构的魅力，增强学习数学的兴趣，激发数学学习的内生动力。

模型背景

自相似结构是指一个对象的部分与整体具有相似的结构特征，就像两个几何图形相似一样，比如我们熟悉的等比线段、相似三角形等。当然，实际生活中的自相似要复杂得多。在自相似结构中，每个部分都是整体的缩小或放大，并

且保持了与整体相同的结构特征。这种结构特征的重复使得整体具有一种美感和协调感。例如，树木的分支结构就具有自相似结构，从整体到局部，整棵树到树的分支，分支再到分支，如此下去，它们的结构都是相似的，都保持了相似的结构特征。具有这种自相似结构，树木显得和谐美观。

实际生活中有许许多多的自相似结构，比如罗马花椰菜、松果、孔雀开屏、俄罗斯套娃等，如图2-1所示。另外，还有杨辉三角的自相似性，如图2-2所示。

罗马花椰菜

松果

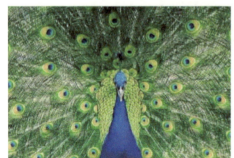
孔雀开屏

俄罗斯套娃

图　2-1

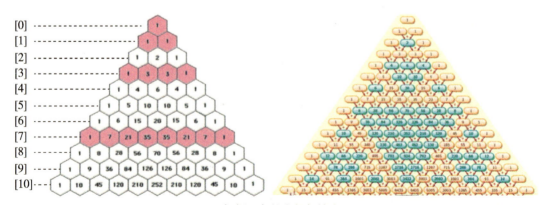
杨辉三角的自相似性

图　2-2

提出问题

（1）如何用数学语言去描述自相似结构？

（2）如何计算自相似结构中的数学度量（如长度、面积等）？

分析问题

本模型涉及的是自相似模型，我们首先需要弄清楚什么是自相似，如何用数学语言去表达和分析自相似这个概念。自相似，指的是自己和自己相似？这有点不好理解。实际上自相似指的是某一个对象的整体和局部是相似的，类似于我们的相似三角形的概念，即存在缩放比例问题。有了缩放比例，我们就能顺利建立自相似数学模型了，这是自相似数学模型的关键点。

模型假设

依照前面对自相似模型的分析，关键是几个对象的缩放比例问题，我们可以假设自相似模型有两种几何图形：一种是由线段构成，另外一种由平面构成。线段构成的自相似模型为雪花曲线模型，平面构成的自相似模型为三角形地毯模型。

模型建立

1. 雪花曲线模型

从一条直线段开始，将线段中间的 $\frac{1}{3}$ 部分用一个等边三角形的两边代替，形成山丘形图形。在新的图形中，又将每一条线段中间的 $\frac{1}{3}$ 部分用一个等边三角形的两条边代替，再次形成新的图形。如此迭代，从而形成雪花曲线。

思考❓

问题1：将一条1m长的线段三等分，把中间的那一段用等边三角形的另外两边替代，此时我们称迭代了1次，如图2-3所示。假设最初的一条线段长度为1m，那么图中的4段小线段的长度之和为多少？

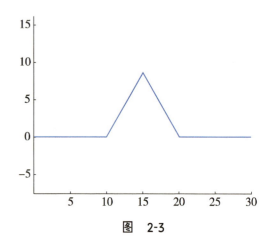

图　2-3

问题2：将图2-3中4条线段的各段都进行三等分，每段的中间那段也用等边三角形的两边替代，得到16条线段，此时我们称迭代了2次，如图2-4所示。假设最初的一条线段长度为1m，那么图中的16段小线段的长度之和为多少？

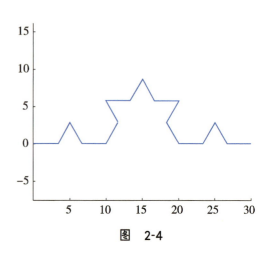

图　2-4

问题3： 将图2-4中16条线段的各段都进行三等分，每一段的中间那段也用等边三角形的两边替代，得到64条线段，此时我们称迭代了3次，如图2-5所示。那么图中的64段小线段的长度之和为多少？

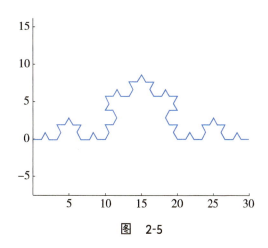

图 2-5

问题4： 将图2-5中64条线段的各段都进行三等分，每一段的中间那段也用等边三角形的两边替代，得到256条线段，此时我们称迭代了4次，如图2-6所示。那么图中的256段小线段的长度之和为多少？

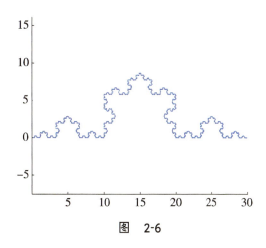

图 2-6

2. 三角形地毯模型

首先连接一个等边三角形三边的3个中点，将等边三角形划分成4个小的等边三角形，挖空中间的三角形，保留其余的3个等边三角形，这次操作称为第1次划分；接着对剩下的3个等边三角形执行前面同样的操作，即将3个小等边三角形又分别分成更小的3个等边三角形，分别挖空中间的三角形，得到9个等边三角形，这次操作称为第2次划分；然后再对剩下的9个小三角形执行同样的操作，得到27个更小的等边三角形，这次称作第3次划分。如此继续进行下去，就得到了三角形地毯，如图2-7所示。

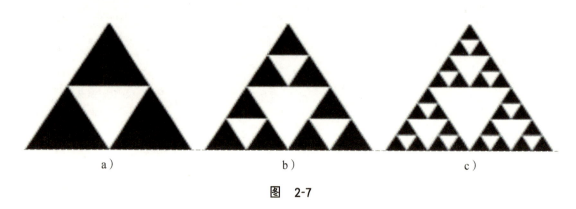

a)　　　　　　　　b)　　　　　　　　c)

图　2-7

思考❓

问题5：假设最初的等边三角形的面积为1m²，计算图2-7a、图2-7b、图2-7c 3个三角形留下来的小三角形的面积之和（阴影外三角形的面积之和）。

3. 正方形地毯自相似模型

思考?

问题6：将一个边长为1m的正方形划分成边长为$\frac{1}{3}$m的9个小正方形，称作第1次划分，如图2-8所示。计算剩下的8个小正方形的面积，即阴影部分面积。

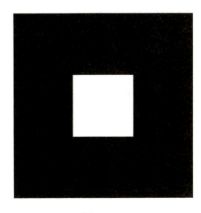

图 2-8

问题7：将边长为$\frac{1}{3}$m的8个小正方形分别划分成边长为$\frac{1}{9}$m的72个更小的正方形，称作第2次划分，如图2-9所示。计算剩下的64个小正方形（阴影部分）的面积之和。

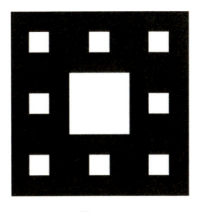

图 2-9

问题8：将边长为 $\frac{1}{9}$ m的64个小正方形分别划分成边长为 $\frac{1}{27}$ m的更小的576个正方形，这称作第3次划分，如图2-10所示。计算剩下的512个小正方形（阴影部分）的面积之和。

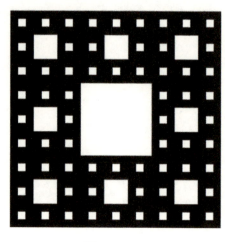

图   2-10

4. 自相似分形树模型

首先画出一条竖直的线段，在上端点处，长出2个分叉，长度为线段的一半，张开一定的夹角，比如为120°，这称作第1次迭代。得到三个端点，下面一个，上面有两个；然后再把新得到的小线段，长出分叉，分叉的夹角不变，但新得到的小线段长度再缩小一半，如此这样继续迭代下去，就得到了一棵自相似分形树。

思考❓

问题9：画简单的3条线段，竖直的线段长度为1m，另外两条线段长度为 $\frac{1}{2}$ m，3条线段的夹角都是120°，上面共有2个端点，此即为第1次迭代，如图2-10所示。计算图2-11中3条线段的长度之和。

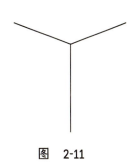

图　2-11

问题10：把图2-11中顶部的两条线段分别长出分叉，上面共有4个端点，如图2-12所示，这称作第2次迭代。此时图中共有7条线段，计算这7条线段的长度之和。

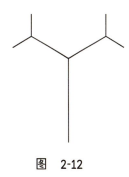

图　2-12

问题11：将图2-12中的图形再继续长出分叉，上面共有8个端点，如图2-13所示。此时图中共有15条线段，计算这15条线段的长度之和。

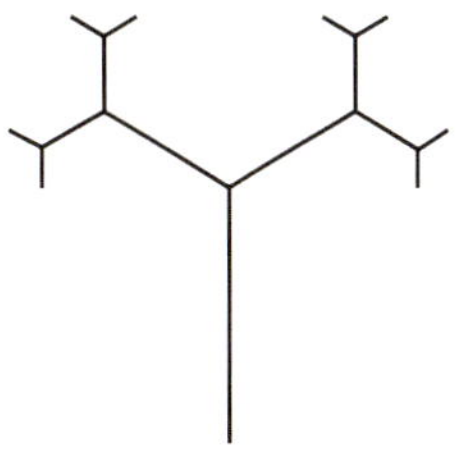

图　2-13

问题12：将图2-13中的新线段再长出分叉，上面共有16个端点，如图2-14所示。此时图中共有31条线段，计算这31条线段的长度之和。

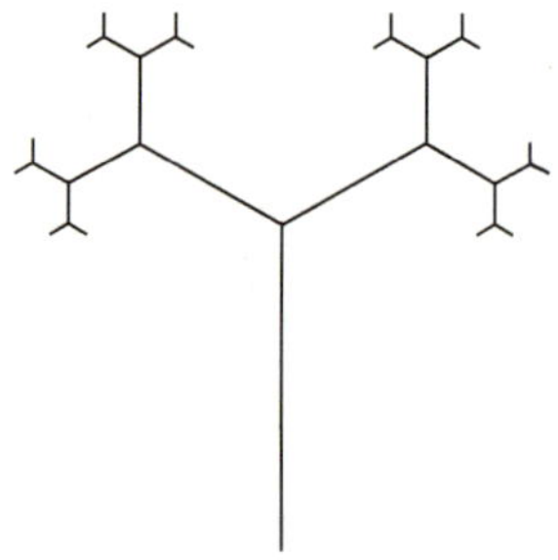

图　2-14

模型分析

以上我们讨论了两类自相似模型，即由一维线段生成的雪花曲线模型和由二维平面生成的三角形地毯模型，给出了生成这两类模型的递推算法，以及计算相关模型的长度和面积。

模型推广

通常情况下，我们说模型推广是指从特殊到一般、从具体到抽象。对于这些自相似模型，鉴于同学们的知识水平，不太可能将低维模型推广到高维模型。一个可行的做法是从生成自相似结构的最初图形去考虑问题，即推广模型的生成规则，也就是算法，改变线段与线段的角度，改变图形的比例关系。

模型应用

由于自相似模型说的是整体和局部的关系，因此在数学领域本身和其他领域都有许多应用。在数学中可以描述分形几何图形，在物理中可以描述物质结构和性质，在生物中可以描述生物体的自相似结构，在城市规划中可以描述规划中的自相似结构，在金融中可以描述市场波动的自相似结构。另外，在生态环境和社会网络也存在大量的自相似结构。

思考?

问题1：对于长为1m的n次迭代后的雪花曲线，共有多少段小线段，总长度为多少？

问题2：对于长为1m的雪花曲线，经过多少次迭代后，总长度可以超过地球赤道的周长？

问题3：将雪花曲线模型用Python语言编程实现。

问题4：对于面积为1m²的等边三角形，经过n次划分后，可得到多少个小等边三角形？这些小等边三角形的面积之和为多少？

问题5：将三角形地毯模型用Python语言编程实现。

问题6：对于最初面积为1m²的正方形进行第n次划分后，剩下多少个小正方形？这些小正方形的面积之和为多少？

问题7：将正方形地毯自相似模型用Python语言编程实现。

问题8：将自相似分形树模型用Python语言编程实现。

问题9：将之前介绍的自相似分形树的生成角度改变，即最初的两条线段的夹角从120°变为60°，会得到另外一种分形树，请用Python语言编程实现。

问题10：了解分形几何中最典型的茱莉亚集，如图2-15所示，并用Python语言编程实现。

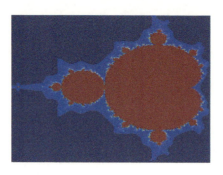

图　2-15

模型意义

由于自然科学和社会科学中都存在大量的自相似现象，因此探究自相似数学模型有助于我们更好地认识现实世界中的自相似结构，并学会用数学语言去表达和分析这些自相似现象。

 拓展阅读

分形几何图书推荐

《分形对象：形、机遇和维数》，考察和研究出现在自然界中的若干典型分形对象，为我们提供了一个关于分形的内容、意义及方法的扼要介绍。

《数学也可以这样学：大自然中的几何学》，介绍了自然界中各种各样的分形理论，从海岸线、雪花，到河流、星系等自然现象，去阐述分形这一概念。

作为多个学科的交叉，分形几何对以往欧氏几何不屑一顾（或说无能为力）的"病态"曲线（如科赫雪花曲线等）的全新解释，是人类不断认识和开拓客观世界的必然结果。这也说明欧氏几何只是对客观世界的近似反映，而分形几何则深化了这种认识。因此，分形几何学是描述大自然中各种复杂自然曲线的几何学。

参考编程

模型应用问题1参考编程

长为1m的n次迭代后雪花曲线，共有4^n段，总长度为$\left(\dfrac{4}{3}\right)^n$m。使用Python语言编程实现输入$n$后得到具体的数值解（近似的小数），程序如下：

```
1.  n = int(input('请输入迭代次数：'))
2.  num = 1
3.  result = 1
4.  for i in range(0, n):
5.      num = 4 ** (i+1)
6.      result = (4 / 3) ** (i+1)
7.  print(num, ',', result)
```

模型应用问题2参考编程

地球的赤道周长为40075.02km，需要长为1m的雪花曲线经过61次迭代，总长度才可以超过赤道周长。使用Python语言编程实现如下：

```
1.  a = 40075020
2.  result = 1
3.  count = 0
4.  while result < a:
5.      result *= 4/3
6.      count += 1
7.  print(count)
```

模型应用问题3参考编程

```python
1.  import matplotlib.pyplot as plt
2.  import numpy as np
3.
4.
5.  def draw_snowflake_curve(x1, y1, x2, y2, depth):
6.      if depth == 0:
7.          plt.plot([x1, x2], [y1, y2], 'k-')   # 在当前图形中绘制线段
8.      else:
9.          dx = x2 - x1
10.         dy = y2 - y1
11.         # 计算线段的 1/3 处和 2/3 处的坐标
12.         x1_third = x1 + dx / 3
13.         y1_third = y1 + dy / 3
14.         x2_third = x1 + 2 * dx / 3
15.         y2_third = y1 + 2 * dy / 3
16.         # 计算等边三角形的顶点坐标
17.         x_triangle = x1_third + (x2_third - x1_third) / 2 - (y2_third
    - y1_third) * np.sqrt(3) / 2
18.         y_triangle = y1_third + (y2_third - y1_third) / 2 + (x2_third
    - x1_third) * np.sqrt(3) / 2
19.         # 递归绘制雪花曲线的 3 条线段
20.         draw_snowflake_curve(x1, y1, x1_third, y1_third, depth - 1)
21.         draw_snowflake_curve(x1_third, y1_third, x_triangle, y_triang
    le, depth - 1)
22.         draw_snowflake_curve(x_triangle, y_triangle, x2_third, y2_thi
    rd, depth - 1)
23.         draw_snowflake_curve(x2_third, y2_third, x2, y2, depth - 1)
24.
25.
26. # 设置迭代深度，决定雪花曲线的复杂度
27. depth = 5
28. # 创建一个新的图形窗口
29. plt.figure()
30. # 绘制雪花曲线
31. draw_snowflake_curve(0, 0, 1, 0, depth)
32. # 设置坐标轴范围
33. plt.axis('equal')
```

```
34. # 显示图形
35. plt.show()
```

运行结果如图2-16所示。

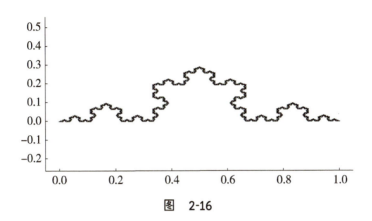

图 2-16

模型应用问题4参考编程

对于面积为$1m^2$的等边三角形，经过n次划分后得到3^n个小等边三角形，这些小等边三角形的面积之和为$\left(\dfrac{3}{4}\right)^n$。使用Python语言编程实现如下：

```python
1. n = int(input('请输入迭代次数：'))
2. num = 1
3. result = 1
4. for i in range(0, n):
5.     num = 3 ** (i + 1)
6.     result = (3/4) ** (i+1)
7. print(num, ',', result)
```

模型应用问题5参考编程

自相似三角形地毯生成程序如下：

```python
1. import matplotlib.pyplot as plt
2. import numpy as np
3.
4.
5. def draw_sierpinski_triangle(ax, x, y, size, depth):
6.     if depth == 0:
7.         # 绘制最小的等边三角形
```

```
8.        triangle_points = np.array([[x, y], [x + size, y], [x + size
   / 2, y + size * 0.866]])
9.        triangle = plt.Polygon(triangle_points, facecolor='k')
10.       ax.add_patch(triangle)
11.    else:
12.        # 计算下一层三角形的尺寸和位置
13.        new_size = size / 2
14.        new_depth = depth - 1
15.        draw_sierpinski_triangle(ax, x, y, new_size, new_depth)  # 左
   下角三角形
16.        draw_sierpinski_triangle(ax, x + new_size, y, new_size, new_d
   epth)  # 右下角三角形
17.        draw_sierpinski_triangle(ax, x + new_size / 2, y + new_size *
    0.866, new_size, new_depth)  # 顶部三角形
18.
19. # 创建画布和坐标轴
20. fig, ax = plt.subplots()
21.
22. # 设置图形范围和坐标轴刻度
23. ax.set_xlim(0, 1)
24. ax.set_ylim(0, 1)
25. ax.set_xticks([])
26. ax.set_yticks([])
27.
28. # 绘制谢尔宾斯基三角形
29. draw_sierpinski_triangle(ax, 0, 0, 1, 5)
30.
31. # 显示图形
32. plt.show()
```

运行结果如图2-17所示。

图 2-17

模型应用问题6参考编程

对于最初面积为$1m^2$的正方形，经过n次划分后得到了8^n个小正方形，这些小正方形的面积之和为$\left(\dfrac{8}{9}\right)^n$。使用Python语言编程实现如下：

```python
8.  n = int(input('请输入迭代次数：'))
9.  num = 1
10. result = 1
11. for i in range(0, n):
12.     num = 8 ** (i + 1)
13.     result = (8/9) ** (i+1)
14. print(num, ',', result)
```

模型应用问题7参考编程

自相似方形地毯生成程序如下：

```python
1.  import matplotlib.pyplot as plt
2.
3.  def draw_sierpinski_carpet(ax, x, y, size, depth):
4.      if depth == 0:
5.          # 绘制最小的正方形
6.          square = plt.Rectangle((x, y), size, size, facecolor='k')
7.          ax.add_patch(square)
8.      else:
9.          # 计算下一层正方形的尺寸和位置
10.         new_size = size / 3
11.         new_depth = depth - 1
12.         for i in range(3):
13.             for j in range(3):
14.                 if i == 1 and j == 1:
15.                     # 中心的正方形不绘制
16.                     continue
17.                 new_x = x + i * new_size
18.                 new_y = y + j * new_size
19.                 draw_sierpinski_carpet(ax, new_x, new_y, new_size, new_depth)
20.
21. # 创建画布和坐标轴
```

```
22. fig, ax = plt.subplots()
23.
24. # 设置图形范围和坐标轴刻度
25. ax.set_xlim(0, 1)
26. ax.set_ylim(0, 1)
27. ax.set_xticks([])
28. ax.set_yticks([])
29.
30. # 绘制谢尔宾斯基垫片
31. draw_sierpinski_carpet(ax, 0, 0, 1, 4)
32.
33. # 显示图形
34. plt.show()
```

运行结果如图2-18所示。

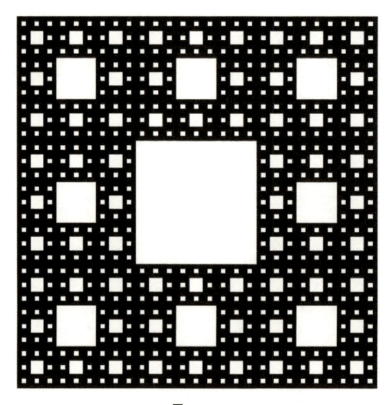

图 2-18

模型应用问题8参考编程

自相似分形树生成程序如下：

```python
1.  import turtle
2.
3.
4.  def draw_branch(branch_length):
5.      if branch_length > 5:
6.          # 绘制右侧树枝
7.          turtle.forward(branch_length)
8.          turtle.right(60)
9.          draw_branch(branch_length - 30)
10.
11.         # 绘制左侧树枝
12.         turtle.left(120)
13.         draw_branch(branch_length - 30)
14.
15.         # 返回之前的树枝
16.         turtle.right(60)
17.         turtle.backward(branch_length)
18.
19. def main():
20.     # 图形设置
21.     turtle.speed(0)
22.     turtle.left(90)
23.     turtle.penup()
24.     turtle.backward(160)
25.     turtle.pendown()
26.     turtle.pensize(1)
27.     turtle.pencolor('green')
28.
29.     # 调用递归函数
30.     draw_branch(150)
31.
32.     turtle.exitonclick()
33.
34.
35. if __name__ == '__main__':
36.     main()
```

运行结果如图2-19所示。

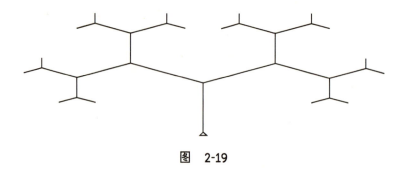

图   2-19

模型应用问题9参考编程

变角度自相似分形树生成程序如下：

```python
1.  import turtle
2.
3.
4.  def draw_branch(branch_length):
5.      if branch_length > 5:
6.          # 绘制右侧树枝
7.          turtle.forward(branch_length)
8.          turtle.right(30)
9.          draw_branch(branch_length - 20)
10.
11.         # 绘制左侧树枝
12.         turtle.left(60)
13.         draw_branch(branch_length - 20)
14.
15.         # 返回之前的树枝
16.         turtle.right(30)
17.         turtle.backward(branch_length)
18.
19. def main():
20.     # 图形设置
21.     turtle.speed(0)
22.     turtle.left(90)
23.     turtle.penup()
24.     turtle.backward(260)
```

```
25.    turtle.pendown()
26.    turtle.pensize(1)
27.    turtle.pencolor('green')
28.
29.    # 调用递归函数
30.    draw_branch(150)
31.
32.    turtle.exitonclick()
33.
34.
35. if __name__ == '__main__':
36.    main()
```

运行结果如图2-20所示。

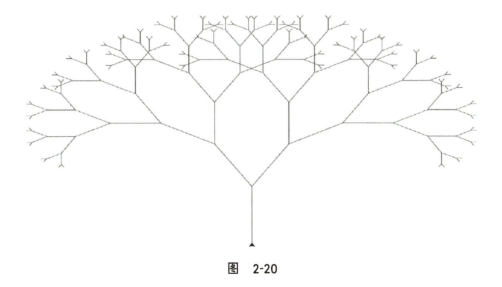

图　2-20

模型应用问题10参考编程

茱莉亚集生成程序如下：

```
1. import numpy as np
2. import matplotlib.pyplot as plt
3.
4.
5. def calc_steps(c, max_iter_num=128):
6.     z = np.zeros_like(c)
```

```
7.      num = np.zeros_like(c, dtype=int)
8.      mask = np.ones_like(c, dtype=bool)
9.      for i in range(max_iter_num):
10.         z[mask] = z[mask] ** 2 + c[mask]
11.         mask = np.logical_and(mask, np.abs(z) < 2)
12.         num += mask
13.     return num
14.
15.
16. def display_mandelbrot(x_num=100, y_num=100):
17.     x = np.linspace(-2, 2, x_num+1)
18.     y = np.linspace(-2, 2, y_num+1)
19.     X, Y = np.meshgrid(x, y)
20.     c = X + 1j * Y
21.     result = calc_steps(c)
22.     plt.imshow(result, interpolation="bilinear", cmap=plt.cm.hot,
23.                 vmax=np.max(result), vmin=np.min(result),
24.                 extent=(-2, 2, -2, 2))
25.     plt.show()
26.
27.
28. # Display the Mandelbrot set
29. display_mandelbrot(2000, 2000)
```

运行结果如图2-21所示。

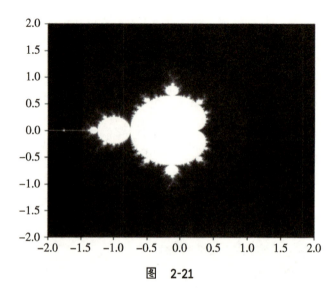

图 2-21

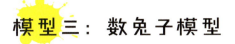

模型三：数兔子模型

学习目标 >>>

（1）通过计算兔子数目这个经典的数学模型，学习数学建模的基本方法。

（2）了解寻找并求解数学中的递推关系的方法，学习合情合理地对模型进行推广。

（3）体会数学中"合理猜测""合理递推"的美妙之处。

（4）修正、完善自己的方案，发展反思能力。

模型背景

在800多年前的意大利比萨市，有一个名叫斐波那契的人，他在经商之余还喜欢研究数学，用商人的头脑去思考数学问题。一天，他从市场上买回来一对刚出生的兔子，一雌一雄，打算养在自己的院子里。

提出问题

假设一对刚出生的兔子，一只雄兔，一只雌兔，一个月后长成成年兔，雌兔具有生育能力，第2个月末雌兔产下一只雄兔和一只雌兔。假设兔子不死，每只雌兔从第2个月起，每月产下一对新的雄兔和雌兔。问：一年后总共有多少只兔子？

⏰ 分析问题

（1）按照上述问题，画图或者列表分析一年后兔子的数目。可自行画图或列表，也可参考表3-1。

表 3-1

经过月数（月）	1	2	3	4	5	6	7	8	9
幼兔对数									
成年兔对数									
合计对数									

画图分析：

（2）对此问题提出你的质疑和思考。

🔍 模型假设

本模型主要是学习数列方面的知识，并能根据递推关系计算出数列的通项，而不是准确地计算生物学意义上兔子的数目。因此我们可以对模型进行简单的假设，比如成年兔生下的一对兔子，刚好是一只雄兔、一只雌兔。而且我们还假设幼兔一个月后就能够长成成年兔，并具有生育能力。而且我们还假设兔子不死，每只雌兔从第2个月起，每月产下一对新的雄兔和雌兔。在现实生活中，这些假设未必符合实际情况。但是数学模型往往是从简单的情形出发，待模型建立后，通过调整模型参数逐渐修正来完善模型。

模型建立

（1）假设第 n 个月兔子的数目为 F_n，a_n 是第 n 个月成年兔的数目，b_n 是第 n 个月幼兔的数目，我们可以用 a_n 和 b_n 表示第 n 个月兔子的数目 F_n。

（2）一个月后，幼兔成年，成年兔又产下相同数量的幼兔，因此用 a_n 和 b_n 表示第 $n+1$ 个月兔子的数目 F_{n+1}。

（3）两个月后，幼兔成年，成年兔又产下相同数量的幼兔，因此用 a_n 和 b_n 表示第 $n+2$ 个月兔子的数目 F_{n+2}。

（4）用等式表示 F_{n+2}、F_{n+1} 和 F_n 之间的关系。

要看一个模型是否正确，可以做简单的验证。如果简单的验证没通过，则模型是错的；如果简单的验证通过了，大概率模型是正确的。当然，模型是否正确还要从数学角度去严格证明。我们验证最初的几个月，$F_1=1$，$F_2=1$，$F_3=2$，$F_4=5$，可以验证这种递推关系是正确的。

模型分析

我们的模型为：$F_{n+2}=F_n+F_{n+1}$，其中 $F_1=1$，$F_2=1$，$F_3=2$。尝试用待定系数法求解这个模型。

（1）令常数 p，q 满足 $F_{n+2}-pF_{n+1}=q(F_{n+1}-pF_n)$，整理后可以得到关于 p，q 的二元一次方程组，求解得到 p，q。写出求解过程。

（2）根据 $F_n-pF_{n+1}=q(F_{n-1}-pF_{n-2})$，我们递推到 F_1 可得 F_n。求得

$$F_n=q^{n-1}+pF_{n-1}=q^{n-1}+p\left[q^{n-2}+p\left(q^{n-3}+\cdots\right)\right]=q^{n-1}+pq^{n-2}+pq^{n-3}+\cdots+p^{n-1}。$$

观察这个式子，可发现这是一个公比为 $\dfrac{p}{q}$ 的等比数列。因而可求得 F_n。写出求解过程。

结论：当 $n=12$ 时，$F_{12}=144$。因此，第12个月时，共有144对兔子。

模型推广

如果从理论和方法上来看是有希望的，那如何将模型修改后适用于更广泛的问题？从数学的角度来说，模型推广就是将模型中的参数修改，或者将变量的个数变大，将未知量的维数变高，将线性问题变成非线性问题等。本问题中的数学模型为：$F_{n+2}=F_n+F_{n+1}$，其中 $F_1=1$，$F_2=1$，$F_3=2$。实际上 $F_1=1$，$F_2=1$ 只是

模型的初值条件，如果不修改模型的递推关系，只改变初值条件，比如修改为 $F_1=1$，$F_2=2$，这没有本质的不同，只是递推关系向前进了一步。因此，对模型的推广是要改变递推关系，比如修改为：

（1）$F_{n+2}=2F_n+F_{n+1}$，其中 $F_1=1$，$F_2=1$。分析一下这种模型推广是否合理，是否有实际意义。

（2）$F_{n+2}=F_n+2F_{n+1}$，其中 $F_1=1$，$F_2=1$。分析一下这种模型推广是否合理，是否有实际意义。

结论：我们对所建立的数学模型推广，一定得考虑模型的实际背景和意义。同学们一定要注意：数学模型是数学，但不仅仅是数学！

请同学们给出其他合理的推广模型。

模型应用

斐波那契数列有许多应用，特别有意思的是它与我们熟知的黄金分割有紧密联系，同学们可以上网查找资料看看。这里我们给出一个简单的应用——爬楼梯问题。

爬楼梯问题：兔子爬有 n 个台阶的楼梯，一步可以迈1个或2个台阶，这只兔子有多少种不同的爬楼方法？写出分析过程。

此问题模型还可如何改编？试一试，写一写。

思考❓

问题1：假设一对刚出生的兔子，一只雄兔、一只雌兔，两个月后长成成年兔，雌兔具有生育能力，第3个月末雌兔产下一只雄兔和一只雌兔。假设兔子不死，每只雌兔从第3个月起，每月产下一对新的雄兔和雌兔。一年后总共有多少只兔子？

问题2：假设一对刚出生的兔子，一只雄兔、一只雌兔，两个月后长成成年兔，雌兔具有生育能力，第3个月末雌兔产下两只雄兔和两只雌兔。假设兔子不死，每只雌兔从第3个月起，每月产下两对新的雄兔和雌兔。一年后总共有多少只兔子？

问题3： 兔子爬有 n 个台阶的楼梯，一步可以迈1个、2个或者3个台阶。兔子共有多少种不同的爬楼梯方法？

 **模型意义**

兔子模型是数学中最为经典的问题，不同层次的学生都能够理解，即使是初中学生也能很好地明白其含义。但是它又是非常高深的数学问题，如何从差分方程求得其通项表达式也是大学生学高等数学时需要掌握的内容。这样一个由浅入深的问题对于中学生是非常好的探究问题，对于培养学生的探究科学精神，培养合情推理的能力有很好的示范作用。

📖 **拓展阅读**

黄金比例拓展阅读

黄金矩形是指短边与长边的比是 $\dfrac{\sqrt{5}-1}{2}$ 的长方形，古希腊人作黄金矩形的方法如下：

如图3-1所示，作一个正方形 $ABCD$，边长为1，E，F 分别为 BC，AD 的中点，再以 F 为圆心，FC 长为半径画弧，交 FD 的延长线于 G 点，过 G 作垂线交 EC 的延长线于 H 点，此时得到的矩形 $DCHG$ 就是黄金矩形了。同学们可以思考还有哪些方法可以得到黄金矩形。

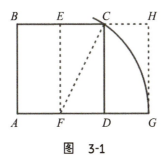

图 3-1

正五边形中有很多黄金比例，边长 $AB:AC=AF:AB=FG:AF=\dfrac{\sqrt{5}-1}{2}$，如图3-2所示。正五边形中还有黄金三角形，同学们可以继续深入探究。

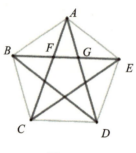

图 3-2

从兔子问题到斐波那契数列，我们这里只做了一点介绍。更多关于斐波那契数列的性质和科普可参考吴振奎编著的《斐波那契数列欣赏》和西班牙数学教授费尔南多·科尔瓦兰著的《黄金比例》。

参考编程

模型应用问题1参考编程

```python
1.  def fibonacci():
2.      n = int(input("请输入斐波那契数列的长度："))
3.      fib_list = [1, 1]   # 初始的斐波那契数列
4.
5.      if n <= 2:
6.          return fib_list[:n], n # 返回前 n 个数字
7.
8.      while len(fib_list) < n:
9.          next_num = fib_list[-1] + fib_list[-2]   # 计算下一个数字
10.         fib_list.append(next_num)  # 将下一个数字添加到数列中
11.
12.     return fib_list, n
13.
14.
15. fib_sequence, n = fibonacci()
16. print("斐波那契数列的前{}个数字:".format(n))
17. print(fib_sequence)
```

模型应用问题2参考编程

对于 $F_{n+2} = F_n + F_{n+1}$，初始值 $F_1 = 1$，$F_2 = 1$，则：

```python
1.  def fibonacci():
2.      # 使用用户输入的初始值和系数
3.      c, d = list(map(int, input("请输入斐波那契数列的初始值，用空格分隔：").split())))
4.      n = int(input("请输入斐波那契数列的长度："))
5.      a, b = list(map(int, input("请输入斐波那契数列的两个系数，用空格分隔：").split())))
6.      fib_list = [c, d]
7.      if n <= 2:
8.          return fib_list[:n], n # 返回前 n 个数字
9.
10.     while len(fib_list) < n:
11.         next_num = a * fib_list[-1] + b * fib_list[-2] # 计算下一个数字
12.         fib_list.append(next_num)   # 将下一个数字添加到数列中
13.
14.     return fib_list, n
15.
16.
17. fib_sequence, n = fibonacci()
18. print("斐波那契数列的前{}个数字:".format(n))
19. print(fib_sequence)
```

模型应用问题3参考编程

```python
1.  def fibonacci(n):
2.      if n <= 0:
3.          return 0
4.      elif n <= 2:
5.          return n
6.
7.      dp = [0] * (n + 1)
8.      dp[1] = 1
9.      dp[2] = 2
10.     dp[3] = 4
11.
```

```
12.    for i in range(4, n + 1):
13.        dp[i] = dp[i-1] + dp[i-2] + dp[i-3]
14.
15.    return dp[n]
16.
17. n = int(input("请输入台阶数："))
18. num_of_ways = fibonacci(n)
19. print("兔子爬楼梯的不同方法数： ", num_of_ways)
```

模型四： 目力所及的地方

学习目标 〉〉〉

（1）能够从具体事物中抽象出几何模型，将实际问题转化为数学几何问题，提升模型假设能力。

（2）能够围绕问题设计可行的研究方案，发展数学建模能力；选择恰当的方式求解，提升模型建构能力。

（3）结合实际情境对模型进行检验，提升模型检验能力。

模型背景

"坐地日行八万里，巡天遥看一千河。"2021年，央视新闻的"天宫之境"带我们从中国空间站的视角看地球，来感受宇宙的浩瀚，如图4-1所示。我们经常会看到图4-1中这样的画面，视角开阔，似乎整个地球尽收眼底。经过查阅资料，我们了解到这些照片和视频是通过广角拍摄或使用了鱼眼镜头。如果不用这些工具，我们看到的视角有多大呢？还会像图中那么开阔吗？

图 4-1 ⊖

 提出问题

为了让问题聚焦，我们来研究以下问题。某一时刻，航天员在"中国空间站"能将整个中国尽收眼底吗？

分析问题

（1）请从不同角度观察地球仪。在观察的过程中，你能抽象出哪些几何图形，如：将地球仪抽象为球体。请继续罗列。

（2）简单阐述解决"能将整个中国尽收眼底吗"的思路。

⊖　图片来自央视新闻。

模型假设

（1）抽象问题前不能少的是体验和观察，请你寻找身边的某个物体进行观察，分析影响所能看到范围大小的主要因素有哪些。

（2）围绕上述主要因素提出模型假设，假设中的参数要通过查阅资料获取。

注意：①题目中明确给出的假设条件；②排除生活中的小概率事件；③使用模型中要求的假设；④对模型中的参数进行假设。

模型建立

用数学式子表示航天员的视角（通常以角度为单位）及可看到的范围（范围可以用长度、面积等表示）。

 **模型分析**

（1）将假设数据代入上述模型，求解航天员视角的大小。（提示：有需要可以上网查找并使用反三角函数计算器。）

（2）将假设数据代入上述模型，探究航天员能否将整个中国尽收眼底？（查阅资料了解到：中国最北端在黑龙江省漠河以北的黑龙江主航道的中心线上，北纬约53° 33′；中国最南端是海南省南沙群岛的曾母暗沙，北纬约3° 52′；中国最西端在新疆的帕米尔高原，东经约73° 40′；中国最东端是黑龙江省黑瞎子岛，东经约134° 46′。中国的南北跨度约为5500000m，东西跨度约为5200000m。）

模型推广

为了实现对大面积地理区域的持续监控、环境变化跟踪、资源管理等目的，可以将该模型进行推广。如构建多颗卫星协同观测网络、模拟不同轨道卫星的协同观测策略。感兴趣的同学可以继续探究。

模型应用

在几何数学模型中，要建立所研究问题的几何模型就一定不能脱离具体实物的存在。若问题中没有出现具体形状的物体，几何模型则无从谈起。我们所要解决的实际问题中，有许多都会涉及具体实物，所以几何模型的应用范围是很广泛的。比如在物体运动中、车灯线光源的优化设计等。

使用解三角形的知识探究"目力所及的地方"，该知识和方法可用于空间定位、测绘学以及地理信息系统等领域。

（1）解三角形是测量学和大地测量学的基础，通过角度和距离的测量，运用三角函数来计算未知点的位置，从而绘制出精确的地图。例如，在GPS导航系统中，卫星信号接收器接收到多颗卫星发送的信号后，通过解三维空间中的多个三角形，确定地球上任何位置的经纬度坐标。

（2）在城市规划和建筑设计中，解三角形原理也被用于建筑坐标的定位、道路走向的计算以及视线分析等，确保设计方案符合空间布局要求并考虑到视觉景观等因素。

（3）利用无人机、卫星遥感等手段获取的数据，通过三角测量方法建立空间模型，可以帮助我们更好地理解中国的自然资源分布、生态环境变化等情况，从而做到"一览无余"。

思考？

问题： "欲穷千里目，更上一层楼"写出了王之涣的一种无止境探求的愿望：要想看得更远，到目力所及的地方，唯一的办法就是要站得更高些。"千里"是夸张的说法，是诗人想象中的空间。从数学角度分析，假设没有障碍物，欲穷千里目，需要更上几层楼呢？

模型意义

在模型探究过程中，通过将实际问题抽象成数学几何问题，学生可以更深入地理解地球的形状、航天员在空间站中的观察条件以及视角的几何特性。这种从具体到抽象的思考过程有助于提升学生的科学认知和空间想象能力。此外，模型的建立和分析可以为航天员在空间站中的观察和操作提供理论支持。了解航天员能观察到的地球范围，对于空间站的任务规划、地球观测和科学研究等方面都有实际的应用价值。最后，该模型探究涉及地理、数学、物理等多个学科的知识，通过整合这些跨学科的知识，我们可以更全面地理解和解决问题，同时也促进了不同学科间的交流与融合。

拓展阅读

解三角形模型的相关历史

解三角形作为数学建模的一个重要组成部分，其研究发展历程可以追溯到古代文明时期，随着数学知识的积累和应用需求的增长，解三角形的方法和理论不断完善和发展。早在公元前2000年，古埃及人已经制定了一套原始的数字系统，并对三角形、金字塔等形状形成了一些几何学方面的概念。古埃及的测量人员在一根长12个单位的绳圈上打结，将绳圈分为12等份，用这样的绳圈围成一个三条边的长度之比为3∶4∶5、面积为6个平方单位的直角三角形，这是毕达哥拉斯定理的早期应用。古希腊哲学家、数学家毕达哥拉斯提出了著名的毕达哥拉斯定理，这是解直角三角形的基础。古希腊人将所有的数字看作线段，通过几何学描述数学问题，这为后来的数学建模奠定了基础。在文艺复兴时期，数学家们开始更加系统地研究三角形的解法，并将其应用于天文学、航海学等领域。近现代，随着微积分和解析几何的发展，解三角形的方法得到了极大的扩展。18世纪和19世纪，数学家们开始使用代数和解析方法来解决三角形问题，这使得解三角形的应用范围进一步扩大。到了20世纪，随着计算机技术的发展，解三角形的计算变得更加快速和精确。数学建模已经成为解决复杂问题的重要工具，解三角形在工程、物理、经济等多个领域中发挥着重要作用。

类型二

比例模型

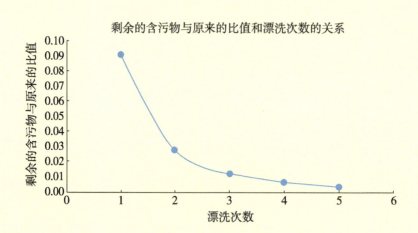

剩余的含污物与原来的比值和漂洗次数的关系

模型五：兔子为什么永远追不上乌龟

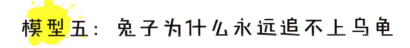

学习目标 　　》》》

（1）通过学习数学发展历史中的三次数学危机和比例的关系，体会比例在数学发展中的重要作用。

（2）通过比例模型再看龟兔赛跑，体会数学的趣味性和严谨性。

（3）感悟比例模型是刻画现实世界中一类具有递推规律事物的数学模型，能够运用比例解决简单的实际问题。

（4）了解黄金分割比的画法和应用。

模型背景

　　比例是数学中的重要概念。我们知道数学发展历史上有三次数学危机，第一次是无理数的产生，第二次是微积分的诞生，第三次是集合论。可以说这三次数学危机都与我们今天要探究的比例有很深的联系。我们来看第一次数学危机，古希腊哲学家、数学家毕达哥拉斯认为"万物皆数"，即宇宙万物都可以通过数学语言来描述，数是万物的本原。它的准确含义是宇宙间的万物都是整数或者整数之比，也就是万物都有比例关系。后来希帕索斯在公元前500年左右发现了数的不可通约性，即有些量并不能表示成两个整数之比。按我们现在的语言来说就是，不是所有数都是有理数。例如，边长为1的正方形的对角线长度就不是有理数，它是我们大家都熟悉且很容易证明的无理数$\sqrt{2}$。但是希帕索斯的这一发现引起了当时学界的恐慌，权威人士认为他大逆不道，将之抛入大海处以死刑。第三次数学危机也跟比例有关系，在集合论中有一个著名的康托尔三分集的构造，就是基于三等分的比例关系得到的，这里我们不展开介绍。本模型的拓展阅读部分我们给出了第二次数学危机——微积分的诞生。微积分的基础是极限论，同学们今后上了大学会专项学习。这里我们介绍一下极限思想，希望同学们由此可以更好地理解和掌握比例关系。春秋战国时期（公元前770—前221），古人就对极限有了思考。道家的庄子在《庄子·天下》中记载："一尺之棰，日取其半，万世不竭。"意思是说，把一尺长的木棒，每天取下前一天所剩的一半，如此下去，永远也取不完。也就是说，剩余部分会逐渐趋于零，但是永远不会是零。这就是典型的等比例关系。小学语文课本里有龟兔赛跑的故事，它是讲兔子和乌龟比赛跑步，看谁先到达终点。由于兔子骄傲自大睡觉，而乌龟不松懈地坚持跑，最后乌龟先到达终点。我们这里所介绍的龟兔赛跑跟这个有点不同，它是数学中一个有趣的比例问题。下面，我们探究一下其中蕴含的数学思想。

❓ 提出问题

　　乌龟和兔子相距100m，兔子的速度是2m/s，乌龟的速度是1m/s。兔子和乌龟向同一个方向跑，我们的结论是兔子永远追不上乌龟。理由如下：①假设开始时乌龟在A处，兔子在B处，它们相距100m，如图5-1所示；②不管乌龟跑得多慢，当兔子跑到乌龟最初的位置A处时，乌龟肯定也跑了一段路程到达了A_1处；③当兔子后来又跑到刚才乌龟所处的位置A_1处时，乌龟虽然跑得慢，但是又到达了A_2处，这时兔子依然没有追上乌龟；④如此，继续下去，乌龟总在兔子的前面，哪怕只有一点点距离，但是兔子永远都追不上乌龟。

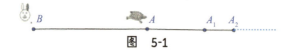

图　5-1

⏰ 分析问题

　　兔子追不上乌龟？这不可能吧？但是每次兔子跑到乌龟原先的位置处，乌龟确实往前跑了一段，按照这个逻辑，似乎又有一定的道理。那么问题出在哪里了呢？在数学极限思想产生以前，在数学哲学上，这个问题确实困惑了许多数学家若干年。我们需要做的事就是从数学上论证兔子是不是永远追不上乌龟，而不是从哲学上。

模型假设

兔子追乌龟这个问题，准确地说，它不仅是一个数学问题，更是一个哲学问题。假设兔子的速度比乌龟要快，按实际常识来看，兔子不可能永远追不上乌龟，只是在某个时间内追不上而已。所以永远追不上其实是有限时间内的永远，这是一个从有限到无限的假设。

模型建立

根据上述问题和分析，建立模型，并求解。

模型分析

我们在对这个模型进行分析时，首先需要界定这是一个什么样的问题，是科学问题，还是哲学问题？是需要定性描述，还是定量描述？"兔子永远追不上乌龟"蕴含的逻辑到底是什么？它表达的底层逻辑到底是什么？这个问题在数学发展历史中产生了什么样的危机？前人是如何通过解决这个危机来推动数学发展的？

模型推广

在实际生活中，我们会遇到许多问题，例如，这姐妹俩长得好像啊，很难认出谁是谁；他唱歌的声音好像刘欢的声音，要不仔细听，还以为是刘欢本人在唱歌呢；这幅画好像是齐白石画的，该不会是赝品吧？面对这些问题，我们该从哪里思索，如何去寻求答案呢？这些问题里面蕴涵着什么样的数学奥秘呢？要彻底解决这些问题，需要综合应用多种学科知识，特别是最近几年火热的人工智能技术就可以大显身手。对于初中生来说，最关键的不是给出最终的完整答案，而是要学会用数学的思维去思考，用数学知识去表达，用数学技术去分析、去求解。所以我们首先要学会从实际问题中抽出关键之处。对于以上几个问题，毫无疑问最关键的一点是"好像"。开动我们的大脑，搜索什么样的数学概念与"好像"沾边？是的，是相似。两个物体相似，当然就长得像了。

数学中的比例关系则是相似关系中最基本的关系，生活中处处都有比例关系。例如，北京世界公园里有许多世界各地的著名景点建筑的缩小模型，如中国的万里长城、意大利的比萨斜塔、法国的凯旋门、澳大利亚的悉尼歌剧院等，北京大兴国际机场也有许多相似比例的数学图案。初中数学中也有许多比例数学模型，如全等三角形、相似三角形、比例线段、等比数列等。数兔子模型的斐波那契数列也蕴含着等比关系，特别是斐波那契数列和黄金分割的关系。

模型应用

这个模型涉及数学中的黄金分割，而黄金分割在许多领域都有应用。例如，在艺术设计中，在作品设计中运用黄金分割，使得艺术品更为和谐；在建筑设计中，构筑黄金分割，使得建筑更为美观，在用户界面设计中，黄金分割可以确定各个元素的大小和位置，使得用户有更好的体验等。

思考❓

问题1：寻找黄金分割点的方法：利用几何作图，找到一条线段的黄金分割点。

问题2：探寻黄金分割与自然界中花朵的花瓣数量之间的关系。

问题3：计算 $1+\cfrac{1}{1+\cfrac{1}{1+\cfrac{1}{1+\cdots}}}$ 的值。

🖥 模型意义

兔子追乌龟这个模型看起来非常简单，但是其中蕴含着一个数学思想，即无穷级数（也就是无穷多个数相加的问题）。对于上面的模型，为什么 $1+\dfrac{1}{2}+(\dfrac{1}{2})^2+\cdots=2$？无穷级数加起来若是一个确定的数，那么，它的每项的数值要有一定的要求，这在大学的高等数学中会专门学习。对于初中同学来说，可以肯定的是，如果级数是等比级数（如 $1+\dfrac{1}{2}+(\dfrac{1}{2})^2+\cdots=2$，是无穷级数，且后一项与前一项的比是定值），且比的绝对值小于1，则无穷级数的和就是一个确定的数。

 拓展阅读

第二次数学危机

第二次数学危机，指发生在17、18世纪，围绕微积分诞生初期的基础定义展开的一场争论。这场危机最终完善了微积分的定义和与实数相关的理论系统，同时基本解决了第一次数学危机的关于无穷计算的连续性的问题，并且将微积分的应用推向了所有与数学相关的学科中。"兔子永远追不上乌龟"揭示的矛盾是深刻而复杂的。问题的提出是一个哲学问题而不一定是专门针对数学的，但是它们在数学王国中却掀起了一场轩然大波。它们说明了古希腊人已经看到"无穷小"与"很小很小"的矛盾，但他们无法解决这些矛盾。其后果是，古希腊几何证明中从此就排除了无穷小。经过许多人多年的努力，终于在17世纪晚期，形成了无穷小演算——微积分这门学科。牛顿和莱布尼茨被公认为微积分的奠基者，他们的主要贡献在于：把各种有关问题的解法统一成微分法和积分法；有明确的计算步骤；微分法和积分法互为逆运算。由于运算的完整性和应用的广泛性，微积分成为当时解决问题的重要工具。

模型六：洗衣模型

 学习目标　　》》》

（1）会用数学的眼光观察世界，通过洗衣体验分析建模中的主要因素和次要因素，做出合理的假设。在对假设案例评价的过程中，提升质疑的能力和批判思维。

（2）会用数学的思维分析洗涤衣服中的数学等量关系式，构建数学模型并求解该模型。

（3）通过建模的过程，理解最优化模型的构建方法，提升数学建模能力和写作能力。

模型背景

我们在洗涤衣服时，往往会选择将衣服进行多次漂洗，而不是只漂洗一次；每次漂洗都会尽量拧干，并且会几件衣服凑一起洗。这背后有科学依据吗？下面我们从数学的角度去探究这个问题。

提出问题

根据以上生活情境，确定所要研究的问题，逐条列出，并明确其中的数学问题。

分析问题

（1）大家亲自体验一次洗涤衣物的过程，思考在洗涤衣物的过程中涉及的因素有哪些。逐条罗列下来。

（2）对于提出的问题，在上述影响因素中，哪些是影响问题的主要因素，哪些是次要因素？

🔍 模型假设

对下列模型假设案例进行对比和质疑，说说各自的优缺点。谈谈你认为在假设过程中需要注意什么。分析后，再提出你的假设。

★ 案例1：

（1）假设这次漂洗衣服的总水量为10kg。

（2）假设衣服在第一次漂洗前有一定含水量，此含水量与之后每次漂洗衣服后的含水量相同。设每次漂洗后衣服的含水量剩余1kg。

（3）漂洗次数为变量n。

（4）假设洗衣液均匀分布在衣服上，且忽略水温、水质、污物溶于水的能力不同等影响。

★ 案例2：

（1）假设用90kg水来漂洗衣服。

（2）如果漂洗多次，每次漂洗时用水一样多。

（3）假设衣服上的污水共有10kg。

（4）污物均匀地分布在衣服上。

（5）溶质与溶液的比值为混合物的浓度，假设洗衣液均匀地溶解于水中，拧干前后洗衣液的浓度不变。

★ 案例3：

（1）假设共有10kg水。

（2）假设衣服上原有10000个肥皂分子需要洗下去。

（3）假设漂洗一次衣服上会有10%的水留下来。

（4）假设一次漂洗能带走水量的40%的肥皂分子（以kg计算）。

★ 案例4：

（1）使用5kg清水。

（2）假设每次拧干后仍残留0.1kg液体。

（3）假如现有一件刚刚用洗衣液洗过的衣服，衣服上洗衣液的浓度为1%，拧干后湿衣服上残留液体为0.1kg，则这件湿衣服中含洗衣液的质量为0.001kg。

（4）将5kg清水平均分成质量相等的n份（每份$\frac{5}{n}$kg），分n次漂洗。第1

次，先用 $\dfrac{5}{n}$ kg清水漂洗并拧干；第2次，用 $\dfrac{5}{n}$ kg清水漂洗并拧干；第3次至第 n 次，依次用 $\dfrac{5}{n}$ kg清水漂洗并拧干。

模型建立

模型建立需要我们找到背后的数学逻辑。请分析：假设的量之间存在着怎样的等量关系呢？

模型分析

对于上述建立的关系式进行转化，用式子表示污物的残留量，并分析残留量的变化情况。

提示：①如果分析残留量的变化情况有困难，可以回到假设，将主要的量假设为具体的数。②如果假设漂洗次数为 n，可能会用到均值不等式 $a_1 a_2 \cdots a_n \leqslant [\dfrac{a_1 + a_2 + \cdots + a_n}{n}]^n$，当且仅当 $a_1 = a_2 = \cdots = a_n$ 时取等。③用控制变量的方法，依次分析各变量对结果的影响。④若分析有困难，可以借助图象法解决问题。

模型推广

在推广洗衣模型时，除了考虑漂洗衣服的次数外，还可以纳入以下影响因素以提高模型的全面性和实用性：污渍程度、洗衣液的种类和效果、水资源和能源消耗等。感兴趣的同学可以继续探究。

模型应用

数学建模是利用数学原理解决实际问题的一项技术，可以用于研究现实问题，并为决策提供理论参考。该洗衣模型对洗衣机的智能设计和选购有着重要的作用。洗衣机设计前期，该模型对其有指导性作用，通过改善洗衣机工艺、水流控制技术、内筒容量等实现节水目的。后期，可以分析洗衣机的节水性能，并给出相应的评测。这些措施将有助于更好地利用水资源，保护环境，实现可持续发展。

思考❓

问题：高质量的洗衣液往往具有较强的去污效力，只需少量即可完成有效的清洁任务。过量使用洗衣液不仅不会显著提升清洁效果，反而可能因不易漂洗干净而增加水资源的消耗，且残留的洗衣液成分可能会对环境造成潜在影响，比如进入水循环系统后可能对水生生物造成伤害。此外，过度使用洗衣液还会增加日常生活的成本支出。洗衣时，合理控制洗衣液的投放量至关重要，既要确保达到理想的去污效果，又要符合环保与经济实用的双重原则。那么，如何调整洗衣液成分比例以达到较好的去污效果呢？

模型意义

在洗衣模型中，学生需要考虑如何优化洗衣过程，例如最小化水资源的使用或最大化洗涤效率。这涉及大量的优化问题和最值问题，学生可以通过求解这些问题来提高优化思维和计算能力。此外，在求解复杂的洗衣模型时，学生需要使用到各种软件和计算工具，如Excel等。这不仅可以提高学生的计算效率，还可以让他们熟悉现代科技工具，为未来的学习和工作做好准备。最后，在洗衣模型的建立和求解过程中，学生需要进行大量的逻辑推理和证明。这有助于培养学生的逻辑推理能力，使他们能够更加严密和系统地思考问题。

📖 拓展阅读

比例模型的相关历史

洗衣模型的学习可以作为理解比例模型的一个切入点，因为在洗衣过程中涉及许多因素，如水量、洗衣液浓度、漂洗次数等，都可以通过比例关系来建立模型。比例模型的发展过程是数学建模领域中的一个重要分支，它在历史上经历了多个阶段的发展和完善。从古代文明时期的初步概念化，到文艺复兴时期数学化的严谨研究，再到现代科学各领域的广泛应用，比例模型不断演进和完善。随着计算机技术和数值分析的发展，比例模型在经济学、生态学、医学等多个学科中发挥着关键作用。当代，比例模型与大数据和人工智能技术的结合，预示着其在未来的跨学科问题解决中将扮演更加重要的角色。通过学习比例模型的发展过程，不仅有助于深化对洗衣模型等实际问题数学建模的理解，还能够激发对数学在现代社会中广泛应用的兴趣和认识。

模型七：如何用雪制作冰雕构件

学习目标 >>>

（1）通过制作冰雕构件的过程，理解反比例函数在实际生活中的应用：学习如何将数学概念与实际场景相结合，深入理解反比例函数在解决实际问题中的作用和意义。

（2）掌握利用反比例函数解决实际问题的方法：学习如何建立与反比例函数相关的数学模型，应用反比例函数解决与冰雕构件相关的问题，培养运用数学知识解决实际问题的能力。

（3）熟悉反比例函数的特点和性质：了解反比例函数的图象特征、定义域和值域，掌握反比例函数的增减性、渐近线等特性，加深对反比例函数的理解，提升运用能力。

（4）发展数学建模和问题解决能力：通过分析冰雕制作中的底座尺寸问题，学习数学建模的基本思路和方法，培养将抽象问题转化为数学模型的能力，进而提升解决实际问题的能力。

模型背景

2023年12月底北京下了一场大雪，老师组织同学们利用雪制作冰雕艺术品。制作冰雕首先需要制作一些构件（相当于修建房子需要有砖头），我们先假定冰雕的底座是一个长方体，其底面是一个正方形。同学们从各处运来了总量为 10 m^3 的雪堆在一起。

说明：这里说的冰雕构件是指制作冰雕需要的基本图形，包括长方体冰块、圆锥冰块、圆柱形冰块等几何体。

提出问题

（1）立方体底座的底面积和高度呈什么关系？

（2）如果底座底面边长为2m，将所有的雪制作成一个长方体底座，其高度为多少？

（3）同学们1h可以往长方体的容器里放进1m³的雪，多久能将所有的雪放进长方体容器里？

⏰ 分析问题

首先，我们知道问题（1）涉及立方体的几何性质，通过分析底座底面面积和高度之间的关系，可以了解立方体的体积计算方式和几何特征；问题（2）考虑了底座底面边长为固定值的情况，需要计算出底座的高度，以使得总体积等于给定的雪的总量；问题（3）涉及每小时放入的雪量和总雪量之间的关系。

问题（1）中，由于是立方体，由立方体体积等于底面积乘高可以得到，总体积固定，那么底面积越大，它的高度就越矮；底面积越小，它的高度就越高。底面积与高度两个量的变化是相反的。

如果保持体积不变，底座的底面积和高度在立方体中呈现出反比例关系。

🔍 模型假设

我们假设底面积为A，高度为h，那么立方体的体积V表示为：
$$V = Ah$$
同样假设装雪速度为v，所花时间为t，则时间t后，立方体的体积V_t表示为：
$$V_t = vt。$$

📋 模型建立

显然，问题（2）（3）都是在体积不变的情况下，满足反比例的情况，那么就有两个反比例模型：

冰的高度：$h = \dfrac{V}{A}$，装雪时间：$t = \dfrac{V_t}{v}$。

模型分析

问题（2）中，我们希望将所有的雪制作成一个长方体，已知底座的底面为正方形，底面边长为2m。那么它的底面积为：$2 \times 2 = 4m^2$，从而它的高度为：

$$h = \frac{V}{A} = \frac{10}{4} = 2.5m。$$

问题（3）就更简单了，装雪的时间为：$t = \frac{V_t}{v} = \frac{10}{1} = 10h。$

模型推广

从前文的内容可知，$10m^3$的总雪量可以制作成底面边长为2m、高度为2.5m的立方体。从数学的角度来看似乎没有问题，但是初中的同学们如何将雪倒入这么高的长方体容器里？假设同学的身高为1.8m，这已经是很高的身高了吧？他如何将雪倒入容器？容器旁边是有一个梯子吗？这似乎不太合理。另外，在问题（3）的解答里，运送雪的时间是10h，从数学角度来说一天就能干完，但是这合理吗？同学们在学校一天要待上10h？而且是中途不休息一直往长方体容器里运送雪？这肯定不合理。因此，我们有必要对以上的问题和模型进行修正。

通过以上反思，我们认为问题可以适当修改。除了需要考虑长方体底面积和高度的关系外，我们还需要限制长方体的底面边长为2m、高度为1m。同学们制作冰雕合理的时间是课间休息的1个小时，以及下午课堂教学之后的4：30~5：30这1个小时，因此学生一天花费在制作冰雕上的时间为2h。基于此，$10m^3$的雪可以制作成2个底面边长为2m、高度为1m的长方体，以及1个高度仅有0.5m的长方体。同学们总共需要5天时间。

模型应用

学校东南门的文具店出售一批进价为20元的奥特曼卡片，在销售中发现此卡片的当日销售单价x（元）与当日销售量y（张）之间的关系见表7-1。

表 7-1

x（元）	30	40	50	60
y（张）	20	15	12	10

（1）猜测并确定y与x的函数关系式。

（2）当卡片当日销售单价为10元时，其当日销售量是多少？

（3）设此卡片的利润为W元，试求出W与x之间的函数关系式。若物价部门规定此卡的当日销售单价不能超过40元，试求出当日销售单价为多少元时，每天获得的利润最大并求出最大利润值。

解答：（1）通过观察得到，xy为一个固定值，猜测为反比例函数：$y = \dfrac{600}{x}$。

（2）根据猜测，得到的反比例函数，销量为：$\dfrac{600}{10} = 60$（张）。

（3）首先有$W = x \cdot y - 20y$，根据$y = \dfrac{600}{x}$，得到：$W = 600 - \dfrac{12000}{x}$。

此卡的当日销售单价不能超过40元，即$0 \leq x \leq 40$，但根据分子不变，分母越大则分数越小，我们知道，单价越高，利润越大，即当日销售单价在40元的时候，利润最高，为300元。

思考？

在制作冰雕作品时，我们不仅需要利用长方体的冰块进行构建，还需要利用其他形状的冰块。我们提出以下几个问题供同学们探究，建立数学模型。

问题1：如果长方体的底面不是正方形，而是长和宽不一样的长方形，比如长和宽分别为2m和1m，试分析长方体长、宽与高度的变化关系。

问题2：如果需要制作一些圆锥的冰块，如用2m³的雪制作高度为1m的圆柱体冰块，底面圆的半径是多少？

问题3：如果制作冰雕时还需要一些圆柱形的冰块。圆柱形的底面积S（单位：m²）与其高度d（单位：m）有怎样的函数关系？若用10m³的雪制作底面积为5 m²的圆柱形冰块，则高度是多少？

模型意义

反比例函数模型在数学和实际应用中具有广泛的意义。它不仅能够提供对现实世界中相反关系的准确描述，还能够帮助我们解决各种与逆向变化相关的问题，预测未来情况，优化系统性能，并培养数学思维和提升解决问题的能力。

它还可以帮助我们描述和解决许多实际问题，特别是涉及相反关系或者逆向变化的情况。

描述相反关系： 反比例函数可以准确描述两个变量之间的相反关系。当一个变量增加时，另一个变量会相应地减少，而且变化的比例是固定的。这种关系在许多实际情况中都存在，如速度和时间、价格和需求量等。

解决逆向变化问题： 许多问题涉及逆向变化，即一个变量的增加导致另一个变量的减少。通过建立反比例函数模型，我们可以确定变量之间的具体关系，并在给定一些条件的情况下，计算出相关的未知量。

预测和规划： 反比例函数模型可以用于预测和规划未来的情况。通过观察和分析已有数据，建立反比例函数模型，并利用该模型来预测在不同条件下的变量值，从而做出合理的规划和决策。

优化问题： 反比例函数模型在优化问题中也具有重要意义。通过最大化或最小化函数模型，可以找到使得某个目标变量达到最优值的相关变量取值，从而优化系统的性能或效益。

 拓展阅读

以上我们给出了一个反比例函数在实际生活中的应用模型,其实在实际生活中,反比例函数的应用非常广泛,例如在经济学、化学等领域都有着重要的应用。

经济学中的反比例函数

在经济学中,反比例函数的应用非常广泛。例如,当商品的价格上涨时,消费者的购买力就会下降,从而导致商品的销售量下降。反之,当商品的价格下降时,消费者的购买力就会上升,从而导致商品的销售量上升。这种关系可以用反比例函数来表示,即销售量与价格之间的关系可以表示为:

$$销售量 = \frac{k}{价格}。$$

其中,k 是一个常数,表示商品的市场需求量。这个函数表明,当价格上涨时,销售量下降;当价格下降时,销售量上升。这个函数在经济学中有着广泛的应用,例如市场调研、价格策略制订等。

化学中的反比例函数

在化学中,反比例函数的应用也非常广泛。例如,化学反应速率与反应物浓度之间就存在着反比例关系,可以表示为:

$$速率 = \frac{k}{浓度}。$$

其中,k 是一个常数,表示化学反应的速率常数。这个函数表明,当反应物浓度增加时,化学反应速率会减小;反之,当反应物浓度减小时,化学反应速率会增加。这个函数在化学反应的研究中有着广泛的应用,例如催化剂的设计、反应机理的研究等。

类型三

方程模型

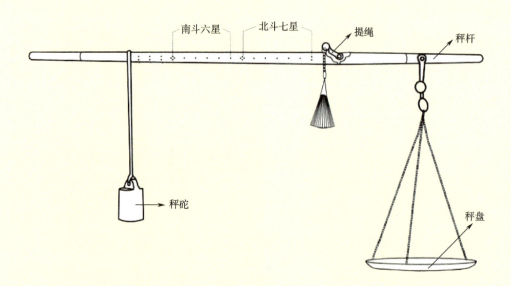

南斗六星　　北斗七星　　提绳　　秤杆

秤砣

秤盘

模型八：体育比赛中的积分统计

学习目标　>>>

（1）根据实际问题建立方程模型并求解。

（2）能利用方程解决实际问题。

（3）体会方程模型来源于生活，服务于生活。

📁 模型背景

在体育比赛中，积分统计是一项常见的任务。无论是团体运动如足球、篮球，还是个人竞技项目如田径、游泳，积分统计都是评判比赛成绩的重要指标之一。

积分统计的目的是记录每个队伍或选手在比赛中所得的分数，以确定比赛的结果和排名。积分可以通过不同的方式获得，例如进球数、得分、完成任务等，具体规则会因不同的体育项目而异。

为了确保积分的准确性和公平性，通常会安排多名记分员独立记录比赛中的积分情况。每名记分员负责观察比赛过程，并将每个队伍或选手比赛的分数记录下来。这样做的好处是可以通过多个独立的观察和记录来减少人为误差，以提高统计的准确性。

然而，在多名记分员参与的情况下，可能还会出现一些问题。首先，由于每名记分员的观察角度和主观判断不同，他们记录的分数可能会有一定的差异。这可能是由于记分员对比赛规则的理解不同、注意力不集中、判断失误等原因导致的。其次，有时候可能还会出现记分员的数据缺失的情况，即某名记分员没有记录某个队伍或选手的分数。

为了解决这些问题，需要采取一定的措施来确保积分的准确性和公正性。

 **提出问题**

足球比赛是学校里最常见的体育运动之一，深受同学们的喜爱。学校里的足球比赛通常有两种类型，一种是常规足球赛，比赛规则和积分方法与通常的足球比赛一样，赢者得3分，输者得0分，平局各得1分。另外一种是在小型区域举行的小型足球赛，比赛规则和积分方法可以与通常的足球比赛不一样，例如赢者得2分，输者得0分，平局各得1分。这里我们对这两种足球比赛提出两类相互联系又有所不同的数学问题，并建立两种相应的数学模型，叙述如下。

（1）**问题一：** 学校春季运动会上，有若干小型5人制足球队参加足球比赛，实行循环赛，即每两个队都要进行一场比赛。由于参赛队较多，为了统计方便，积分规则跟通常的足球比赛的积分规则不同，为：赢者得2分，输者得0分，平局各得1分。学校选派了4名同学统计了全部足球队比赛的积分总数，总分分别是148、155、156、163。4名同学统计的积分不同，4名同学有谁统计错了，还是4名同学都统计错了？到底有多少个足球队参加了足球比赛？另外，一位校友为了激励同学们积极表现，规定不论成绩如何，只要获得1分，就奖励该队1千元。比赛结束后，这位校友应拿出多少奖金？

（2）**问题二：** 学校秋季运动会上，有若干常规11人制足球队参加比赛，实行循环赛，即每两个队都要进行一场比赛。积分规则为：赢者得3分，输者得0分，平局各得1分。现在有4名同学对所有足球比赛场次进行了积分统计，总分分别是90、100、105、110。某校友为了激励同学们积极表现，提出每获得1分，当场奖励该队1千元。比赛结束后，该校友共发放了10万元奖金。问：共有多少个足球队参加了比赛？其中，有多少场胜负赛，多少场平局赛？

 **分析问题**

面对这两种类型的足球比赛问题，我们不能去用"试"的办法，即去"猜"有多少个队伍参加比赛，即使要用编程的方法去"猜"，也要先弄清楚积分规则，读懂题意。最关键的信息是"实行循环赛"，即任何两个队伍都得比赛一

场。如果有 n 个队伍参加比赛，比赛总场数就是：$(n-1)+(n-2)+\cdots+3+2+1=\dfrac{n(n-1)}{2}$。对于问题一中的小型足球赛，分析积分规则，赢者得2分，输者得0分，平局各得1分。这样我们就能得出一个结论：一场比赛，不管输赢情况如何，两个球队的积分总和为2分，因此 n 个球队的总积分即为 $n(n-1)$。而对于问题二中的常规足球赛，由于赢者得3分，输者得0分，平局各得1分，因此 n 个球队的总积分没有一个明确的表达公式，它是某个整数，且这个整数是3的倍数与2的倍数之和。不管是哪一种情况，只要总的比赛积分算出来了，奖励金额就清楚了。

模型假设

根据以上分析，我们假设两种类型的比赛各有 n 个队伍参加，有 x 场胜负赛，y 场平局赛。当然对于小型的5人制足球比赛，不论输赢，积分都是2分，所以输赢场次和平局场次对结果没有影响。但是对第二种类型的常规足球比赛，输赢场次两个队共有积分为3，平局积分为2，所以必须假设胜负和平局场次。

模型建立

由于任何两个队都要比赛一场，因此总比赛场次就为 $x+y=\dfrac{n(n-1)}{2}$，不论输赢，积分都是2分，因此所有比赛的总积分数学模型为：$2x+2y=n(n-1)$。

而对于第二种类型的常规足球比赛，根据积分规则，输赢场次两个队共有积分为3，平局积分为2，因此其比赛总积分数学模型为：$x+y=\dfrac{n(n-1)}{2}$，另外由于校友发放了10万元奖励，因此还需要满足一个约束条件：$3x+2y=100$。

模型分析

对于问题一中的小型5人制足球比赛，由于总积分为 $n(n-1)$，这是两个连续自然数的乘积，只看个位数的话，总积分的个位数只能是：0、2、6这3个数字。我们来看看4名同学的4个统计积分分别为：148、155、156、163，它们当中谁能满足条件呢？148、155、163的个位数不满足"是两个连续自然数的乘积"，因此肯定是统计错了，只有156可能是正确的，这就是数学的神奇之处。至于奖励资金的问题，只要积分统计正确了，金额自然就清楚了。对于 $n(n-1)=156$，这是一个一元二次方程，利用韦达定理的根和系数的关系公式，很容易计算出结果，即 $n=13$。因此总共有13个足球队参加了比赛，由于积分总数为156，因此那名校友应支持的金额为：$156 \times 1000 = 156000$（元）。

　　对于第二种常规的足球比赛，由于跟小型足球比赛的积分规则不一样，没有统一的公式表达，有输赢的比赛积分为3，平局的积分为2。按照上面的思路，就是要把1个自然数分解成1个3的倍数和1个2的倍数之和，看看总积分的个位数有什么规律。实际上，3的倍数的自然数的个位数可以是0~9的任何数字。因此前面小型5人制比赛的分析思路就行不通了。其实问题当中还有1个关键的信息点："某校友为了激励同学们积极表现，提出每得1分，当场奖励该队1千元。比赛结束后，该校友共发放了10万元奖金"。因此，我们在求解该模型时就要充分利用问题中给出的条件。因为奖励的金额为10万元，所以足球比赛的总积分不可能是90、105和110，只能是100。我们想强调的是数学建模不仅仅是数学，求解数学模型不一定只依靠数学。在这个问题中，资助校友比积分统计员更在乎积分情况，该校友一定有自己的统计员参与积分统计。另外，参加足球比赛的队员也会非常关心自己的积分。当场发放的奖金和积分统计不会出错，如果出错，比赛结束后，就会当场纠正过来。因此，我们的主要问题就归结为发放了10万元奖金的足球比赛到底有多少个队伍参赛，有多少场输赢、多少场平局的问题。此时共有 $x+y=\dfrac{n(n-1)}{2}$ 场比赛，由于发放的奖金金额为10万元，总积分为100，我们就得到一个约束条件：极端情况下，每场比赛都是胜负赛，此时比赛次数最少，那么最少也要进行 $\dfrac{100}{3}$，即33场比赛；若每场都是平局，则比赛次数最多，但也只能进行 $\dfrac{100}{2}$，即50场比赛。

　　因此有：$33 < \dfrac{n(n-1)}{2} \leq 50$，$n$ 为正整数，以及 $3x+2y=100$。通过这两个式子

和 $x+y=\dfrac{n(n-1)}{2}$ 来进行求解。

这是一个一元二次方程问题，也是一个简单的线性规划问题。由于数值小，可以用列表法求解，也可以编程求解，解得 n 有两个值，即 $n=9$ 或 $n=10$。

（1）$n=9$，则 $\begin{cases} x+y=36, \\ 3x+2y=100。 \end{cases}$ 解得 $\begin{cases} x=28, \\ y=8。 \end{cases}$ 即共有9个足球队参加了比赛，其中有28场胜负赛、8场平局赛。

（2）$n=10$，则 $\begin{cases} x+y=45, \\ 3x+2y=100。 \end{cases}$ 解得 $\begin{cases} x=10, \\ y=35。 \end{cases}$ 即共有10个足球队参加了比赛，其中有10场胜负赛、35场平局赛。

模型推广

所谓模型推广，就是改变模型的参数，使得模型适用于更广泛或更一般的实际问题。对于第一种学校小型足球比赛模型来说，积分规则为：输赢场次中赢队得2分，输队得0分，平局各得1分。对于第二种常规的足球比赛，积分规则为：赢一场得3分，输一场得0分，平一场各得1分。将模型推广，就是要建立数学模型，应用于这两种情况，甚至更多种情况。此时推广的数学模型就可以为：

假设体育比赛共有 n 个队伍参加，有 x 场胜负赛，y 场平局赛，则推广的积分模型为：$px+qy$。

模型中的参数以及约束条件需要根据具体的体育比赛而定。

在上面的两种足球比赛积分问题的统计中，我们使用的模型实际上只涉及一元二次方程求解问题。事实上，一元二次方程可以推广到更高次的多项式方程，例如三次方程（形如 $ax^3+bx^2+cx+d=0$）和四次方程（形如 $ax^4+bx^3+cx^2+dx+e=0$）。推广到更高次的多项式方程可以解决更复杂的问题和系统。对于高次的方程对应的体育比赛问题，同学们在进入大学阶段的学习后会涉及。

我们的足球比赛积分模型可以广泛应用在各个体育比赛的积分统计当中。当然，各种体育赛事积分统计方法也相差很大，比如在足球比赛中，积分相同的情况下，还得看进球数；在围棋比赛中，积分相同的情况下，还会考虑对手的积分情况。可以说，体育比赛的积分数学模型是相当复杂的，总的来说，层次分析法是比较好的模型方法，这要在大学阶段才能接触到。这里我们只利用一些基本的方程知识来建立体育比赛的数学模型，这个模型还非常初等和简单，甚至可能还不太适用所有情况。尽管如此，我们还是要强调数学方程在各个领域中都有广泛的应用。以下是方程在一些常见领域中的应用示例。

物理学： 方程在描述物理现象和自然规律中起着关键作用。例如，牛顿第二定律的方程 $F = ma$ 描述了力、质量和加速度之间的关系。麦克斯韦方程组描述了电磁场的行为。方程在描述运动、力学、电磁学、热力学等物理学领域中被广泛应用。

工程学： 方程在工程学中用于建立模型、设计和分析系统。例如，在结构力学中，方程用于描述和分析物体的变形和应力分布。在电路分析中，方程用于表示电流和电压之间的关系。方程在各种工程学科中都有广泛的应用，如机械工程、电气工程、土木工程等。

经济学： 方程在经济学中用于描述和分析经济现象和决策。经济学家使用方程来建立经济模型，研究供需关系、市场行为、经济增长等。方程可以用于预测经济趋势、评估政策影响，并做出经济决策。

生物学： 方程在生物学中用于描述生物过程和生态系统的行为。例如，化学反应速率方程被用来描述酶催化反应的速率，生物动力学方程描述了生物群体的增长和演化。方程在生物化学、生物物理学、生态学等领域中也被广泛应用。

计算机科学： 方程在计算机科学中用于建立算法、解决问题和优化程序。例如，在机器学习中，方程被用于定义损失函数和优化算法；在密码学中，方程被用于设计和分析加密算法。方程在数据结构、算法分析、图形学等计算机科学领域中也都有重要的应用。

除了上述领域，方程还在化学、地球科学、社会科学、金融等各个领域中有广泛的应用。方程为我们提供了一种数学语言和工具，用于描述和解决复杂的问题，并推动各个领域的发展和创新。

思考❓

问题1： 提出一个类似问题一的围棋比赛的积分统计问题（注意：围棋比赛没有平局。另外，围棋比赛中一般也不统计一盘围棋是多少颗棋子取胜的）。

问题2： 提出一个类似问题一的乒乓球比赛的积分统计问题（注意：乒乓球比赛也没有平局，但是和上面的问题1有点不同，一般需要算实际比分，也就是乒乓球比赛，不仅要看输赢的结果，还要看比分情况）。

问题3： 调研足球世界杯32强的比赛规则，并制订一份比赛日程安排（注意：前文问题二中的比赛积分规则就是正式足球比赛的积分规则，但是实际比赛中还需要计入小分，即净胜球的个数）。

💻 模型意义

方程是数学中的重要概念，它描述了等式中两个或多个量之间的关系。方程的意义在于它能够帮助我们解决实际问题、理解自然现象、推导出新的数学结论，并提供模型和预测。方程不仅是数学思维和推理的基础，也是许多实际应用的核心工具。

解决实际问题： 方程可以用来解决各种实际问题，例如物理、工程、经济等领域中的问题。通过建立适当的方程，我们可以找到未知量的值或解决特定情况下的关系。

描述自然现象: 方程可以用来描述自然界中的各种现象和规律。物理学、化学、生物学等科学领域中的方程被用来描述粒子的运动、化学反应、生物过程等。通过建立和解析这些方程,我们可以深入理解自然现象的本质。

推导数学结论: 方程是数学推理和证明的重要工具。通过对方程进行变形、代数运算和求解,我们可以推导出新的数学结论。方程的解析解和数值解的研究有助于拓展数学理论和解决数学难题。

确定未知量: 方程可以帮助我们确定未知量的值。通过设立方程,将已知条件和未知量联系起来,我们可以通过求解方程来确定未知量的值。这在各个领域中都是非常有用的,例如在物理学中确定物体的速度、在经济学中确定市场均衡等。

提供模型和预测: 方程可以用来建立数学模型,预测和描述实际系统的行为。这些模型可以用来分析和预测未来的趋势、评估不同因素的影响,并做出相应的决策。方程的应用范围还包括天气预报、经济预测、流体力学模拟等。

 拓展阅读

方程求解孕育了群论——方程史话

方程是我们在数学各个阶段的学习过程中经常接触的数学概念。含有未知量的等式称为方程,解方程就是要把这个未知量具体求出来。如果未知量只有1个,次数为1,则该方程就是一元一次方程;如果未知量只有1个,但次数为2,则该方程就是一元二次方程;以此类推,就有高次方程。对于高次方程的求解,曾是古代数学家研究的主流问题,著名天才数学家阿贝尔和伽罗华都是为了寻求四次及以上高次方程的根式解而提出了数学中的群论思想。自牛顿和莱布尼茨发明了微积分后,方程领域也迎来了新的发展,出现了大量的微分方程和积分方程,这些方程刻画了自然界中的大量现象,比如天体运动规律、电磁场理论,以及爱因斯坦的相对论。可以说,到今天为止,方程模型依然是数学中非常重要的模型。

 **参考编程**

模型分析参考编程

```python
1.  output = []
2.  def find_teams():
3.      for n in range(51):  # 遍历 n 的范围，根据约束条件确定范围
4.          total_matches = n * (n - 1) // 2  # 计算总比赛场次
5.          if 33 < total_matches <= 50:  # 检查约束条件
6.              for x in range(total_matches + 1):  # 遍历所有可能的胜负赛场次
7.                  y = total_matches - x  # 计算平局场次
8.                  if 3 * x + 2 * y == 100:  # 检查是否满足奖励金额总数为 100
9.                      output.append((n, x, y))  # 返回符合条件的 n、x 和 y 的值
10.     return output
11.
12. # 调用函数寻找符合条件的足球队数量和比赛场次
13. outs = find_teams()
14.
15. # 输出结果
16. for out in outs:
17.     n, x, y = out
18.     print("共有{}个足球队参加了比赛".format(n))
19.     print("其中有{}场胜负赛，{}场平局".format(x, y))
```

模型九：杆秤模型

学习目标 >>>

（1）探究杆秤中蕴含的数量关系，发展模型观念和抽象能力。

（2）发扬中国传统杆秤文化。

模型背景

　　杆秤是中国最古老也是现今人们仍然在使用的衡量工具，是中国独立发明的传统衡器。杆秤最主要的特征是携带方便，由秤杆、秤砣、秤盘等部分组成。过去生意人带上一个杆秤，待买卖来时随手一握秤杆，挂好秤砣，拴好秤盘，架势搭上之后生意也就做成了，如图9-1所示。

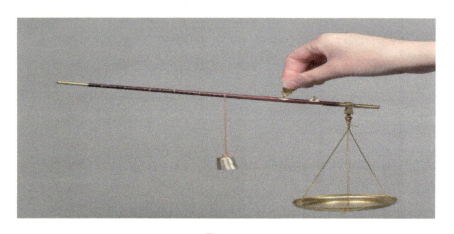

图　9-1

提出问题

　　杆秤是如何工作的？秤砣的质量和所称物体的质量之间是什么关系？

分析问题

　　通过查阅相关资料，了解到杆秤包括秤杆、秤锤或秤砣、提绳或秤毫、秤钩或秤盘、刻度或秤星这5部分。其中秤杆是杆秤的主体，通常是木制的，上面镶有用来计量的秤星。秤锤或秤砣放在秤杆的一端，用来称量物品。提绳或秤毫是杆秤上手提的部分，有两根，通常是用绳子或皮条制成的，靠近秤钩的一根称为"头毫"，离秤钩较远的那根称为"二毫"。秤钩或秤盘用来钩挂或盛放所称的物品。刻度或秤星是镶在秤杆上的金属小圆点，用作计量的标志。请将杆秤抽象成数学图形，在下方空白处画一画，并标出杆秤各部分的名称。

准备一根质地均匀的筷子（作为秤杆）、若干个螺母（作为秤砣或重物）、硬纸壳做成的盘子（作为秤盘）、若干条10cm长的棉线（作为提绳和秤钩）、一根记号笔（用来画刻度线）。按照上方绘制的示意图，组装简易杆秤，并思考秤杆上的刻度是如何标记的。

为了制作出一个能够准确称重的简易杆秤，我们要通过实验来掌握杆秤的工作原理。下面请跟随指导，一起来动手实验吧。

模型假设

假设秤杆是一根质地均匀的木杆，当提绳在木杆的正中间时，两端等距离处悬挂重物的质量有何关系？若两端悬挂重物处到提绳的距离不相等，那么两端重物的质量之间有何关系？请思考以上问题，做出合理假设。

模型建立

用一根质地均匀的木杆和一些等重的小物体，做下列实验：

（1）在木杆中间处拴绳，将木杆吊起并使其左右平衡，提绳处为木杆的支点。

（2）在木杆两端到提绳距离相等处，各悬挂一重物，看看木杆能否保持平衡。若能平衡，请在木杆上的重物悬挂处做标记。

（3）保持提绳和重物的位置不变，尝试改变重物的个数，使木杆保持平衡，并将不同方案记录下来。可以通过画示意图的方式记录实验过程。

根据记录，你能发现什么规律？

用一根质地均匀的木杆和一些等重的小物体，继续下列实验：

保持提绳在支点位置处，在提绳两端分别悬挂数量不同的重物，通过不断调试，改变重物的位置，直至左右平衡后，标记重物悬挂的位置，测量此时支点到木杆左右两侧悬挂重物处的距离。多次尝试以上操作，并将实验过程记录在表9-1中。

表 9-1

m_1	m_2	m_1与m_2的数量关系	l_1与l_2的数量关系

注：左侧重物的数量记为m_1，右侧重物的数量记为m_2；左侧重物悬挂处到支点的距离记为l_1，右侧重物悬挂处到支点的距离记为l_2。

模型分析

（1）根据上面的实验记录表可以发现：

当 $m_1 = m_2$ 时，l_1＿＿＿＿l_2；

当 $2m_1 = m_2$ 时，l_1＿＿＿＿l_2；

当 $3m_1 = m_2$ 时，l_1＿＿＿＿l_2；

……

猜想当 $nm_1 = m_2$（$n \neq 0$）时，l_1 与 l_2 之间有着怎样的数量关系。

（2）你能发现 m_1，m_2，l_1，l_2 这4个量之间具备怎样的数量关系吗？尝试用代数推理进行证明。

模型推广

杆秤原理在生活中有广泛的应用。例如一根筷子的支点在末端，阻力作用点在前端，动力作用点在手捏的地方。请你查阅有关资料，分析筷子中蕴藏的杠杆模型。

模型应用

请尝试动手制作一个杆秤。借助实体秤，检验并修正自制杆秤的精确度。

思考❓

问题：为什么杆秤的提绳不是位于秤杆的中间呢？如何确定定盘星的位置？可从理论和实践两个角度进行分析。注意，定盘星是杆秤上的第一颗星，把秤砣挂在这里正好能与秤盘质量平衡。

 模型意义

中华文明的历史长河孕育了内涵丰富的杆秤文化。青少年作为中华民族的文化传承者，需要了解这一蕴含了祖先智慧的器件。因此，探究杆秤模型具有历史意义。

杆秤中蕴含的杠杆平衡原理被广泛应用于各个领域，古人基于这一原理发明了桔槔、滑车、辘轳等机械。通过杆秤模型，人们可以充分利用外力来提高效率，实现目标。在现实生活中，你还发现了哪些应用杆秤模型的例子？

📖 **拓展阅读**

杆秤的历史

杆秤或许是许多现代人没有见过的东西，然而就是这样一个发明，不仅改变了中国历史的进程，也改变了世界。对于中国文化来说，它不可或缺。杆秤相传是春秋时期鲁国人鲁班发明的，还有一种说法，杆秤的发明者是与鲁班差不多同时期的楚国人范蠡。但无论是谁，至少说明杆秤在我国很早就作为称量器具而存在。古人懂得使用杠杆原理，无论是鲁班还是范蠡，他们可能都参考了北斗七星和南斗六星的布局，在杆秤上刻制13颗星花，定13两为一斤。杆秤上的前7颗星是北斗七星，告诫用秤者立于天地间，不可因贪念而不辨是非；后6颗星是南斗六星，代表东西南北上下6个方位，提醒用秤者，要心居中正而不可偏斜。

类型四

最优化模型

模型十：如何使匠人收益最大

学习目标 　>>>

（1）能用列举法、图象法、代数法求解最优化模型。

（2）能用最优化模型解决实际问题。

（3）体会最优化模型在实际生活中的应用。

 模型准备

（1）类比人教版《数学　七年级下册》109页数学活动1，用代数法或图象法探究满足不等式 $|x+y| \leqslant 1$ 的所有点组成的图象。

（2）用代数法或图象法计算满足不等式 $|x|+|y| \leqslant 1$ 的所有点。

（3）如果将不等式|*x*|+|*y*|≤1中的≤换成≥，那么图象是什么样子的呢？

模型背景

在各种科学问题、工程问题、生产管理、社会经济问题中，人们总是想在有限的资源条件下，用尽可能小的代价获得最大的收获。这就是最优化问题。

提出问题

例如： 某家具厂的工人既可以做木凳子，也可以做石凳子。一个工人制作一个木凳子需要4块木板，用时1h，每个木凳子可以净赚20元。一个工人制作一个石凳子需要用4块石板，用时2h，每个石凳子可以净赚40元。现在工厂库房里有16块木板、12块石板。

一个工人每天工作不超过8h，木凳子和石凳子各做多少个，收益最大？

分析问题

为了更清晰地表达问题，将问题做成表格，见表10-1。

表 10-1

	I. 木凳子	II. 石凳子	总量
工时（h）			
A.木板数目（块）			
B.石板数目（块）			
单件获利（元）			

请根据题目内容进行思考。

或许你发现了，工人不管是做木凳子还是石凳子，每小时获利都是一样的——20元。所以有如下几种方案：

第一种方案：先把所有的木板都做成木凳子，1个木凳子需要4块木板，总共有16块木板，可以做4个木凳子，用时4h。剩下的4h做石凳子，做1个石凳子需要2h，4h可以做2个石凳子。于是一天获利为：$4 \times 20 + 2 \times 40 = 160$（元）。

第二种方案：先把所有的石板做成石凳子，一个石凳子需要4块石板，总共有12块石板可以做3个石凳子，用时6h。剩下的2h可以做2个木凳子。这种情况下，一天获利为：$3 \times 40 + 2 \times 20 = 160$（元）。

请同学们思考，如果工人制作1个木凳子和1个石凳子的获利不同，该如何分配时间呢？

至此，问题似乎得到了解决，但这并不是数学建模。我们建立数学模型的目的不是为了解决一个特殊问题，而是为了解决具有普遍性、一般性的问题，也就是模型可以适用于更多的实际问题。下面我们按照一般方法建立模型。

🔍 模型假设

根据问题，提出一般假设。假设制作木凳子的数量为 x 个，制作石凳子的数量为 y 个，一天获利 P 元。

📋 模型建立

根据"分析问题"和"模型假设"，可建立如下不等式模型：

$$P_{\max} = 20x + 40y。$$

其中，变量 x 和 y 需满足不等式条件 $\begin{cases} x + 2y \leqslant 8, \\ 4x \leqslant 16, \\ 4y \leqslant 12, \\ x, \ y \geqslant 0。 \end{cases}$

 **模型分析**

下面我们给出两种解法：枚举法、图象法，代数法在"模型推广"中介绍。

1. 枚举法

枚举法是数学中一种直观的解决问题的方法，它的特点是简单、直观，用于推出更一般的数学表达式，可以说是一种尝试性地容错方法，对于数据量小的问题此方法比较有效。

我们可以穷举木凳子和石凳子的数量，然后比较收益。下面我们介绍这种方法。设木凳子的数量为x，石凳子的数量为y，则工人的收益$P=20x+40y$。我们根据题目给出的问题制作表格，见表10-2。

表 10-2

石凳子数量（个） 木凳子数量（个） 收益（元）	$y=0$	$y=1$	$y=2$	$y=3$
$x=0$	$P=0$	$P=40$	$P=80$	$P=120$
$x=1$	$P=20$	$P=60$	$P=100$	$P=140$
$x=2$	$P=40$	$P=80$	$P=120$	$\boldsymbol{P=160}$
$x=3$	$P=60$	$P=100$	$P=140$	$P=180$
$x=4$	$P=80$	$P=120$	$\boldsymbol{P=160}$	$P=200$

根据题目给出的条件，即木板的数量为16，最多可以做成4个木凳子，石板的数量为12，最多可以做成3个石凳子。制作1个木凳子需要1个小时工时，制作1个石凳子需要2个小时工时，总的工时为8个小时。因此表格中有效的方案标为黑体。从表中可以容易看出，工人收益最大的方案有两种，收益都达到160元：制作4个木凳子，2个石凳子；制作2个木凳子，3个石凳子。

该方法看起来比较"笨"，但是如果同学们有编程基础，那么该方法的效率是最高的。其实，在数学建模中，就解决问题本身而言，算法没有好坏之分，只要能够得出答案，就是好方法，而且越简单越好。

2. 图象法

我们学习一次函数时学到了图象法，用图象法求最值更容易。对上述模型中的条件，将不等号变为等号，在同一个坐标系画出各方程的图象，原条件不等式组表示的区域正是彩色所围区域，而目标函数 $P_{max} = 20x + 40y$ 就是由 $20x + 40y = k(k \neq 0)$ 平移得到的，目标函数 $P_{max} = 20x + 40y$ 就在彩色所围区域部分取得的最大值和平移后直线的截距正相关，如图10-1所示。$P_{max} = 20x + 40y$ 的最大值在线段 GF 上任一点处取得，此时 $P_{max}=160$。如果 x, y 要求是正整数，则满足这个式子的 (x, y) 只能是：

$$\begin{cases} x=2 \\ y=2 \end{cases}, \quad \begin{cases} x=4 \\ y=4 \end{cases}。$$

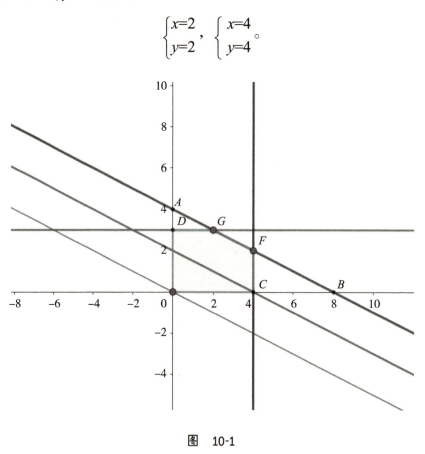

图　10-1

模型推广

实际生产中还有很多因素制约，比如配料种类、生产设备、销售市场等，此时线性规划问题用图象方法可能就行不通了，我们需要用代数求解方法解决。

代数求解方法又叫单纯形法，具体如下：

建立目标函数 $P_{\max} = 20x + 40y$，满足条件：

$$\begin{cases} x + 2y \leqslant 8, \\ 4x \leqslant 16, \\ 4y \leqslant 12, \\ x,\ y \geqslant 0。 \end{cases}$$

将不等式改为等式得：

$$\begin{cases} x + 2y + u = 8, \\ 4x + v = 16, \\ 4y + w = 12, \\ x,\ y,\ u,\ v,\ w \geqslant 0。 \end{cases}$$

5个未知数，3个方程，有无数多组解。我们可以通过恒等变形得到：

$$\begin{cases} x = 4 - \dfrac{1}{4}v, \\[2mm] y = 3 - \dfrac{1}{4}w, \\[2mm] u = -2 + \dfrac{1}{4}v + \dfrac{1}{2}w。 \end{cases}$$

$x,\ y,\ u,\ v,\ w \geqslant 0$ 时，$P_{\max} = 20x + 40y$。

将 x，y 的值代入 P 得：

$$\begin{aligned} P &= 20\left(4 - \frac{1}{4}v\right) + 40\left(3 - \frac{1}{4}w\right) \\ &= 80 - 5v + 120 - 10w \\ &= 200 - 10\left(\frac{1}{2}v + w\right)。 \end{aligned}$$

由 $u = -2 + \dfrac{1}{4}v + \dfrac{1}{2}w \geqslant 0$，可知 $\dfrac{1}{4}v + \dfrac{1}{2}w \geqslant 2$，即 $\dfrac{1}{2}v + w \geqslant 4$。

因此，$P = 200 - 10\left(\dfrac{1}{2}v + w\right) \leqslant 200 - 40 = 160$。

当且仅当 $u=0$，$v+2w=8$ 时，P 取得最大值160。

$P = 20x + 40y = 160 \Rightarrow x + 2y = 8$。如果 x，y 要求是正整数，则满足这个式子的 $(x,\ y)$ 只能是：

$$\begin{cases} x = 2 \\ y = 3 \end{cases}, \begin{cases} x = 4 \\ y = 2 \end{cases}.$$

🌐 模型应用

工人收益最大是数学中的优化模型，该类模型用途极为广泛，在水资源预测、人口预测、病毒蔓延预测、药物在体内的分布与排除预测、烟雾的扩散与消失、货物销量预测、经济发展情况预测等问题中都有应用。

思考❓

问题1：同学们进入超市可以观察一下，同一种饮料大瓶装和小瓶装哪个价格更合适？是饮料瓶越大，饮料公司的利润越大吗？

问题2：设有3项任务，派3个人去完成，每个人都可以承担3项任务中的任何一项，但所消耗的资金不同。如何分配任务使总支出最少？

💻 模型意义

优化模型是数学建模中最为广泛的数学模型，几乎每一次的数学建模竞赛中的模型都跟优化问题有关。优化模型可以应用于金融投资、供应链管理、电力系统调度、网络优化等领域。通过建立数学模型和选择合适的优化方法，我们可以在复杂的实际问题中找到最优的解决方案，提高解决问题的效率。

 拓展阅读

运筹学

在我国战国时期，就有流传后世的田忌赛马的故事，在已有的条件下，经过筹划、安排，选择一个最好的方案，就会取得最好的效果。古代双方交战，要克敌制胜就要在了解对方情况的基础上，做出最优的对付对方的方法。这就是"运筹帷幄之中，决胜千里之外"，也是运筹学的思想。运筹学作为数学学科的一个分支，用纯数学的方法来解决最优方法的选择安排。运筹学在处理问题时的一般步骤有：确定目标、制订方案、建立模型、制订解法。运筹学中最简单的一种就是线性规划，也就是约束条件和目标函数都呈直线关系，即一次函数和一元一次不等式（组）。从理论上讲，解决这类问题都要解线性方程组。

线性规划是数学规划中研究较早、发展较快、应用广泛的一个分支，也是数学模型中的一项重要内容，它在生产安排、物质运输、投资决策、交通运输等现代工农业和经济管理等方面都有着广泛的应用。如运输问题中，某产品有若干个产地、若干个销地，如何运输使总运费最省？生产组织问题中，当资源一定时，如何安排生产使利润最高？配料问题中，如何搭配各种原料，既符合质量要求又使生产成本最低？投资问题中，当资金一定时，投向谁、投多少、期限多长，能使若干年后本利和最高？库存问题中，在仓库容量有限的情况下，如何确定库存物资的品种、数量、期限，使库存效益最佳？合理播种问题中，在土地资源有限的情况下，种什么、种多少使效益最高？同学们可以阅读有关优化方面的文献进行相关的知识学习。

参考编程

我们鼓励用数学方法描点画图，但如果同学们存在数学知识上的困难，而更擅长编程画图，我们也给出了参考代码。

模型准备（1）参考编程

$|x+y| \leq 1$，结果如图10-2所示。

```
1.  import matplotlib.pyplot as plt
2.  import numpy as np
3.
4.  # 生成 x 和 y 的取值范围
5.  x = np.linspace(-2, 2, 400)
6.  y = np.linspace(-2, 2, 400)
7.
8.  # 创建网格点坐标矩阵
9.  X, Y = np.meshgrid(x, y)
10.
11. # 计算不等式的结果矩阵
12. Z = np.abs(X + Y) <= 1
13.
14. # 绘制图象
15. plt.figure(figsize=(8, 8))
16. plt.imshow(Z, extent=[-2, 2, -2, 2], origin='lower', cmap='binary',
    alpha=0.3)
17.
18. # 添加标题和坐标轴标签
19. plt.title('Plot of |x + y| <= 1')
20. plt.xlabel('x')
21. plt.ylabel('y')
22. plt.axhline(0, color='black', linewidth=0.5)
23. plt.axvline(0, color='black', linewidth=0.5)
24.
25. # 显示图象
26. plt.show()
```

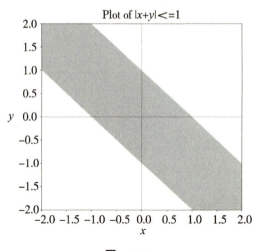

图 10-2

模型准备（2）参考编程

$|x|+|y|\leqslant1$，结果如图10-3所示。

```python
import matplotlib.pyplot as plt
import numpy as np

# 生成 x 和 y 的取值范围
x = np.linspace(-1, 1, 400)
y = np.linspace(-1, 1, 400)

# 创建网格点坐标矩阵
X, Y = np.meshgrid(x, y)

# 计算不等式的结果矩阵
Z = np.abs(X) + np.abs(Y) <= 1

# 绘制图象
plt.figure(figsize=(8, 8))
plt.imshow(Z, extent=[-1, 1, -1, 1], origin='lower', cmap='binary',
    alpha=0.3)

# 添加标题和坐标轴标签
plt.title('Plot of |x| + |y| <= 1')
plt.xlabel('x')
plt.ylabel('y')
plt.axhline(0, color='black', linewidth=0.5)
plt.axvline(0, color='black', linewidth=0.5)

# 显示图象
plt.show()
```

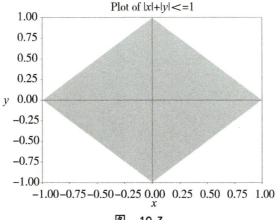

图 10-3

模型准备（3）参考编程

$|x|+|y| \geqslant 1$，结果如图10-4所示。

```python
1.  import matplotlib.pyplot as plt
2.  import numpy as np
3.
4.  # 生成 x 和 y 的取值范围
5.  x = np.linspace(-1.5, 1.5, 400)
6.  y = np.linspace(-1.5, 1.5, 400)
7.
8.  # 创建网格点坐标矩阵
9.  X, Y = np.meshgrid(x, y)
10.
11. # 计算不等式的结果矩阵
12. Z = np.abs(X) + np.abs(Y) >= 1
13.
14. # 绘制图象
15. plt.figure(figsize=(8, 8))
16. plt.imshow(Z, extent=[-1.5, 1.5, -1.5, 1.5], origin='lower', cmap=
    'binary', alpha=0.3)
17.
18.
19. # 添加标题和坐标轴标签
20. plt.title('Plot of |x| + |y| >= 1')
21. plt.xlabel('x')
22. plt.ylabel('y')
23. plt.axhline(0, color='black', linewidth=0.5)
24. plt.axvline(0, color='black', linewidth=0.5)
25.
26. # 显示图象
27. plt.show()
```

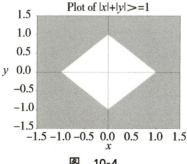

图 10-4

模型推广参考编程

```python
1.  def max_profit():
2.      wood_profit = 20
3.      stone_profit = 40
4.      wood_time = 1
5.      stone_time = 2
6.      max_work_hours = 8
7.      wood_available = 16
8.      stone_available = 12
9.      wood_cost = 4
10.     stone_cost = 4
11.
12.     max_profit = 0
13.     max_wood = ()
14.     max_stone = ()
15.
16.     # 遍历木凳子的数量
17.     for wood_qty in range(min(wood_available // wood_cost, max_work_h
    ours // wood_time) + 1):
18.         # 计算石凳子的数量
19.         stone_qty = min((max_work_hours - wood_qty * wood_time) // st
    one_time, stone_available // stone_cost)
20.
21.         # 计算当前方案的收益
22.         profit = wood_qty * wood_profit + stone_qty * stone_profit
23.
24.         # 更新最大收益和对应的数量
25.         if profit > max_profit:
26.             max_profit = profit
27.             max_wood = (wood_qty,)
28.             max_stone = (stone_qty,)
29.         elif profit == max_profit:
30.             max_wood += (wood_qty,)
31.             max_stone += (stone_qty,)
32.
33.     return max_wood, max_stone, max_profit
34.
35.
36. wood_qty, stone_qty, max_profit = max_profit()
```

```
37. print("制作的木凳子数量: ", wood_qty)
38. print("制作的石凳子数量: ", stone_qty)
39. print("收益最大值: ", max_profit)
```

模型十一: 不等式组模型

学习目标 >>>

(1) 会将部分优化类实际问题转化为数学线性规划问题。

(2) 认识并会求出线性规划问题中的目标函数、决策变量、约束条件。

(3) 建立完整的线性规划模型,并用图象法解决问题,培养数学建模能力。

(4) 类比学习开展拓展探究,培养举一反三的能力。

模型背景

在实际生活当中,不管是分析问题,还是进行决策,我们经常会用一种标准去衡量做的事情是否达到了最优。如在科学问题、工程问题、生产管理、社会经济问题中,我们总是希望在有限的资源条件下,用尽可能小的代价获得最大的收益。

提出问题

工厂生产中常常会遇到这样的问题,如某工厂在单位时间内要安排生产甲、乙两种产品,该如何安排原料使得工厂获利最大呢?

分析问题

影响利润的因素可能有原料供应量、市场需求、生产时间、设备限制、生产能力等。明确影响因素后，需要收集关于甲、乙两种产品的生产成本、销售价格、市场需求量、原料消耗率等数据。下面提供了具体的数据，解决完该具体问题后，同学们可以应用学到的知识与方法进行类似问题的建模。

例如：已知生产每千克产品所需要的设备台时，A、B两种原材料的消耗量，以及资源的限量情况，见表11-1。试制订最优生产计划，使得工厂获利最大。

表 11-1

产品	甲	乙	资源限量
设备（台时）	1	1	6
原料A（kg）	2	1	8
原料B（kg）	0	1	5
利润（元/kg）	100	80	?

注：台时是台时定额的计量单位，是指一台设备加工工件1小时。台时定额是指规定机器设备完成单位产品加工的时间消耗量标准。

（1）该案例的最终优化目的是什么？

（2）在上述情境中，影响最终优化目标的主要因素有哪些？

🔍 模型假设

生产成本和销售价格是否恒定？原料是否充足，或者我们是否需要考虑原料的限制？工厂的生产能力是否可以无限制地扩展，还是有上限？生产甲和乙产品是否需要不同的时间周期，这会影响我们的决策吗？在"模型假设"中同学们需要先确定本问题的主要影响因素，忽略次要因素。这里假设主要影响因素有设备限制、原料限制和产品的产量，请同学们基于这三个主要因素，给出上述问题的模型假设。

模型建立

台时定额和产品原料都有限制，也就是说甲、乙产品的台时定额不能超过6台时，甲、乙产品的原料消耗分别不能超过8kg和5kg。基于上述分析，你能列出哪些不等式？组成不等式组。

解答：将上述实际问题转化为线性规划问题来求解。综上所述，就得到了描述该问题的线性规划模型：$\max\{f=100x+80y\}$。

$$s.t. \begin{cases} x+y\leqslant 6, \\ 2x+y\leqslant 8, \\ y\leqslant 5, \\ x\geqslant 0, y\geqslant 0 \end{cases}$$

模型分析

对于这样的线性规划问题可能感到陌生，我们如何求解呢？这里介绍图解法。

1. 确定可行域

以其中第一个不等式为例，要想表示$x+y\leqslant 6$，首先在平面直角坐标系中画出$x+y=6$。二元一次方程的解表示在平面直角坐标系中是一条直线，已知$\begin{cases} x=6 \\ y=0 \end{cases}$和$\begin{cases} x=0 \\ y=6 \end{cases}$都是方程$x+y=6$的解，所以先画出两点（6，0）和（6，0），再根据两点确定一条直线，画出直线$x+y=6$，如图11-1所示。

直线将平面分割成三部分，分别是$x+y=6$，$x+y<6$，$x+y>6$。在除直线外的两部分中，要想确定哪一部分表示$x+y<6$，只需在直线两侧各取一点，代入不等式中看是否成立。如取（0，0）点，当$x=0$且$y=0$时，$0+0<6$成立，所以（0，0）点所在的这一部分表示$x+y<6$，加上边界直线$x+y=6$后共同构成$x+y\leqslant 6$，如图11-2所示。

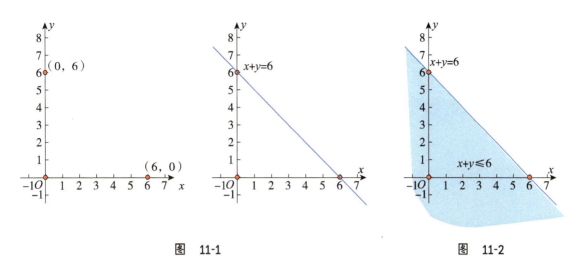

图　11-1　　　　　　　　　　图　11-2

接着，用同样的方法将所有不等式在同一平面直角坐标系中表示出来，其公共区域即为约束条件所表示的区域，我们称之为可行域。在坐标系中用阴影表示此问题的可行域。

2. 确定最值

该问题中目标函数为 $f = 100x + 80y$，转化为函数 $y = -\dfrac{5}{4}x + \dfrac{f}{80}$，该函数为 $y = -\dfrac{5}{4}x$ 平移的一簇直线，要求 $\dfrac{f}{80}$ 的最大值，表示为函数图象与 y 轴的交点 $\left(0, \dfrac{f}{80}\right)$ 最高。在坐标系中画出 $y = -\dfrac{5}{4}x$，并平移画出与可行域相交且与 y 轴的交点最高的直线，求解该问题。

模型推广

为了更贴合实际生活，我们可以在上述模型的基础上，考虑多品种生产、多阶段生产过程、多资源限制、市场需求和价格波动、生产能力和效率等，感兴趣的同学可以了解实际情况后继续探究。

模型应用

可以用线性规划解决的生活问题还有很多。例如，可以探究如何规划家庭预算，以最有效的方式购买必需品；或者在学校活动中，如何合理分配资源来组织班级聚会；体育比赛中的战术安排等。通过这些简单实际的例子，同学们可以更好地理解数学概念，并将它们应用于现实世界的问题解决中。

思考

问题：某钢管零售商从钢管厂进货，将钢管按照顾客的需求切割后售出。从钢管厂进货时得到的原料钢管都是19m长。现有一客户需要50根4m长、20根6m长和15根8m长的钢管，应如何下料最节省？

模型意义

线性规划模型的探究对我们的数学学习具有重要意义，首先它能够加强我们对数学概念和原理的理解。通过将实际问题转化为数学模型，我们能够锻炼逻辑思维能力，学习如何识别问题的关键因素，设定目标，并分析约束条件以寻找最优解。这个过程不仅提高了我们的问题解决能力，还教会了我们在面对复杂问题时应该如何进行有效的分解和策略规划。

此外，线性规划模型的探究有助于增强我们的决策制订技巧。在面对有限资源和多重目标时，我们需要学会权衡不同的选择，并做出最合理的决策。这种决策能力对于我们的个人发展和未来的职业生涯都极为重要。同时，探究过程中我们的创新思维也被激发，鼓励我们从不同角度思考问题，寻找新的解决方案，这有助于培养我们的创造力和独立思考的能力。

最后，线性规划模型的应用广泛，涉及商业、工程、环境保护等多个领域。通过了解这些模型在社会中的应用，我们能够认识到数学的实际价值，增强对数学学科的兴趣和认识。这种跨学科的学习体验对于我们的全面发展非常有益，能够为我们未来的学习和职业生涯打下坚实的基础。

 拓展阅读

线性规划问题的相关历史

1947年，美国数学家G.B.丹齐格提出了求解线性规划的单纯形法，为这门学科奠定了基础。

1947年，美籍匈牙利数学家J.von·诺伊曼提出了对偶理论，开创了线性规划的许多新的研究领域，扩大了它的应用范围和解题能力。

1951年，美国经济学家T.C.库普曼斯将线性规划应用到经济领域，也正因其在此方面做出的贡献，他与苏联经济学家康托罗维奇一起获1975年诺贝尔经济学奖。

20世纪50年代后，科学家们对线性规划进行大量的理论研究，并涌现出一大批新的算法。例如，1954年美国数学家C.莱姆基提出了对偶单纯形法，1954年美国经济学家S.加斯和T.萨迪等人解决了线性规划的灵敏度分析和参数规划问题，1956年美国经济学家A.塔克提出了互补松弛定理，1960年美国数学家G.B.丹齐格和P.沃尔夫提出了分解算法等。

线性规划的研究成果直接推动了其他数学规划问题包括整数规划、随机规划和非线性规划的算法研究。由于计算机的发展，出现了许多线性规划软件，如MPSX、OPHEIE、UMPIRE等，可以很方便地求解几千个变量的线性规划问题。

类 型 五

函数模型

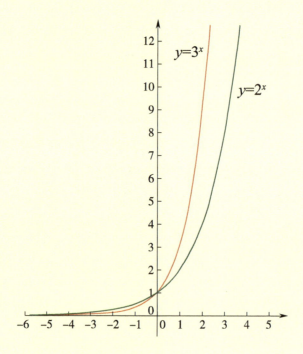

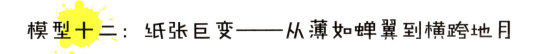

模型十二：纸张巨变——从薄如蝉翼到横跨地月

学习目标 >>>

（1）理解指数函数的概念和性质：通过对折纸张的实验，学习什么是指数函数以及指数函数的特点和性质，包括指数增长、底数和指数的关系等。

（2）探索对折纸张和指数函数之间的关系：通过实际操作对折纸张，并观察纸张厚度的变化，理解对折纸张过程中的指数函数模型，并分析为什么指数函数适用于描述纸张厚度的变化。

（3）建立数学模型并理解模型的含义，如将对折纸张的次数表示为自变量，纸张的厚度表示为因变量，建立数学模型 $t(n)=2^n$，其中 n 表示对折的次数。理解模型中的符号和函数关系，以及模型中的指数和底数对纸张厚度的影响。

（4）分析模型的特点和应用：研究模型的特点，如指数增长等，并思考模型在实际生活中的应用。

（5）思考模型的意义：对折纸张利用指数函数建模的思路引发对数学模型意义的思考，思考数学模型在解决实际问题、发现规律和推动科学进步中的重要性。理解数学模型对于培养数学思维、创造力和解决问题能力的作用。

模型背景

纸张作为一种常见的材料，给我们提供了丰富的创作可能性。简单的一张纸，通过大家的想象力和创造力，可以拥有无限的可能，可以摇身一变成各种有趣的事物。折纸和剪纸是利用纸张进行创作的两种常见方式。通过折叠和剪裁纸张，我们可以创造出无数有趣的形状和图案，比如我们可以折出纸飞机、千纸鹤、动物、花朵等，也可以剪出动物、花卉、人物、飞禽走兽等。

? 提出问题

我们有一张A4纸，将其对折，它的厚度会变为原来的2倍，继续对折，厚度就会变为最初的4倍。现在，假设我们有一张足够宽大的纸，厚度为0.1mm。第1次对折，它的厚度增至0.2mm；第2次对折，厚度增至0.4mm；接着是0.8mm，1.6mm……以此类推，如图12-1所示。随着纸张的厚度不断增加，它究竟会有多厚呢？

经过多少次对折后，这张纸的厚度能够超过地球到月球的平均距离？地球与月球的平均距离约384403.9km。

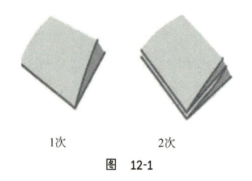

1次   2次

图 12-1

⏰ 分析问题

每对折一次纸张，我们得到的纸的厚度就变为之前的2倍。所以，我们只需要知道在第几次对折后，纸张的厚度比地月平均距离大即可。

🔍 模型假设

假设我们对折了n次，起始纸张厚度为y_0，地月平均距离为d。第1次对折后的纸张厚度为$y_1 = 2y_0$，第2次对折后的纸张厚度$y_2 = 2y_1 = 2 \times 2y_0 = 4y_0$，以此类推，第$n$次对折后的厚度$y_n = 2y_{n-1} = 2 \times 2 \times \cdots \times 2y_0 = 2^n y_0$。由此可知，只要找到满足不等式$2^n y_0 > d$的最小整数即可。

模型建立

首先，要保证单位的统一，这里用"m"作为单位。那么我们就有：起始时纸张厚度 $y_0 = 0.0001$，第 n 次对折后的厚度 $y_n = 2^n y_0 = 0.0001 \times 2^n$，地月平均距离 $d = 384403900$。

也即找到满足此式的最小整数 n： $2^n \geqslant 3844039000000$。

模型分析

现在，我们可以利用计算器试一试，从1开始不断乘2，直至算到3844039000000。

可实际上，经过不断计算，我们就会发现，数字在以不可思议的速度增加。很快，在第41次对折之后，已经达到了惊人的2199023255552。在第42次对折后，达到了4398046511104，超过了3844039000000，这表示此时的纸张厚度已经超过了地月平均距离。

一个很远的距离，在仅仅把一张0.1mm厚的纸对折了42次后，就已经被远远超过了。

思考❓

问题：我们不再对折，而是裁剪：把纸张3等分裁剪后叠在一起，假设纸张的初始厚度为0.3mm，经过多少次堆叠，纸张厚度将超过地月平均距离？请写出分析和求解过程。

模型推广

若改成任意等分裁剪，初始厚度任意设置，目标距离也任意设置。是否每给出一组数值，都要重新计算吗？请尝试用数学建模的方法求解等分数、初始厚度，以及目标距离为任意值时纸张的堆叠次数。

思考❓

问题1：一张普通的 A4 打印纸（厚度0.1mm），理论上需要对折多少次，厚度可以分别达到珠穆朗玛峰的高度（8848.86m）和地球赤道的周长（40075.02km）？按照对折模型，虽然理论上可以做到厚度达到珠穆朗玛峰的高度和地球赤道的周长，但是实际上这张A4打印纸会面临什么样的困难？厚度增加了，长和宽又变成了多少？

问题2：若每次裁剪纸张时，按照第几次裁剪就做几等分，模型该如何修改？

问题3：若每次裁剪纸张时，奇数次数做二等分，偶数次数做三等分，又该如何设计模型？

 **模型应用**

指数函数在各个领域都有广泛的应用，以下是一些指数函数应用的例子。

人口增长模型：指数函数可以用来描述人口增长的模型。当一个地区的人口增长率与当前人口成正比时，可以用指数函数来描述人口的增长趋势。这在人口统计学和城市规划中具有重要意义。

经济增长模型：指数函数可以用来描述经济增长的模型。在经济学中，经济增长率通常被认为与国内生产总值（GDP）成正比。指数函数可以用来描述国家或地区经济增长的速度和趋势。

财务利率和投资模型：指数函数在财务领域中也有广泛应用。复利计算可以用指数函数来表示，其中底数是1+年利率，指数是投资的时间间隔。

生物学中的增长模型：指数函数可以用来描述生物种群的增长模型，如细菌繁殖、植物生长和动物种群的扩张都可以用指数函数来描述。

模型意义

指数函数在数学和科学中具有重要的意义，它在描述和解决各种现实问题时发挥着关键的作用。以下是指数函数的一些重要意义。

描述指数增长和衰减：指数函数以其快速增长或衰减的特性而闻名。它能够准确地描述一些指数级增长或衰减的现象，如人口增长、放射性衰变、细菌繁殖等。指数函数提供了一种数学模型，能够让我们更好地理解和预测这些现象的发展趋势。

描述复利和投资增长：指数函数在金融领域中具有重要应用。它能够描述复利计算和投资增长的模型。复利是指在每个计息周期内将利息再投资，使资金增长更快的计息方式。指数函数提供了一种数学工具，用于计算和预测复利效应对投资和储蓄的影响。

模拟动态系统和物理过程：指数函数在模拟和描述动态系统及物理过程中起着关键作用。许多自然现象的变化可以用指数函数来描述，如振荡电路中的电荷变化、放射性元素的衰变、声音和光线的衰减等。用指数函数可以更准确地建模和分析这些过程，从而提供对实际系统行为的深入理解。

分析复杂数据和趋势： 指数函数可以用于分析和预测复杂数据和趋势。在统计学和数据分析中，指数函数可以拟合数据，从而提供对数据背后的增长或衰减趋势的洞察。指数函数的特性使其能够捕捉到数据中的快速变化和趋势，从而帮助我们更好地理解和解释数据的行为。

探索科学规律和数学关系： 指数函数在科学研究和数学发现中扮演着重要角色。它们出现在许多数学和物理定律中，并提供了解释和预测自然现象的数学框架。通过研究指数函数及其性质，我们可以深入探索科学规律和数学的关系，从而推动科学的进步和发展。

 拓展阅读

指数函数的应用探索

指数函数还有更多有趣和重要的应用可以探索。

对数函数： 对数函数是指数函数的逆运算。对数函数可以帮助我们解决指数方程，即找到使得指数函数等于某个值的指数。对数函数在许多领域中都有广泛的应用，如解决复杂计算问题、测量数据的相对大小和描述信号强度等。

指数函数的性质： 指数函数具有一些重要的性质。例如，当底数大于1时，指数函数是递增的；当底数在0~1时，指数函数是递减的；当底数为1时，指数函数是常数函数；当底数小于0时，指数函数是复数函数。理解这些性质可以帮助我们更好地分析和理解指数函数的行为。

自然指数函数： 自然指数函数是以自然常数e为底的指数函数，表示为$f(x) = e^x$。自然指数函数在数学中具有广泛的应用，它在微积分、概率论、复杂分析等领域中发挥着重要作用。自然指数函数的特性使其在描述指数增长和衰减过程时更为方便。

应用于微积分： 指数函数在微积分中扮演着重要角色。由于其在任意点处的导数等于函数值乘常数，指数函数是微分方程中的解，也是许多物理和工程问题的解。指数函数还与积分和级数有密切关系，为解决微积分问题提供了强大的工具。

复数指数函数： 复数指数函数是以复数为底和指数的函数，表示为 $f(z) = a^z$，其中 a 和 z 都是复数。复数指数函数在复数分析和工程中有重要应用，可以用来描述波动、振荡和振荡过程。

指数函数的极限和渐近行为： 指数函数在 $+\infty$ 和 $-\infty$ 的行为具有特殊性质。当自变量趋近于 $+\infty$ 或 $-\infty$ 时，指数函数的极限可以是 $+\infty$、$-\infty$ 或收敛到某个值。这种极限行为对于分析函数的增长趋势和渐近线具有重要意义。

 **参考编程**

模型分析参考编程

具体的代码如下，其中：

```python
1.  def calculate_fold_count(initial_thickness, target_height, times):
2.      folded_thickness = initial_thickness
3.      fold_count = 0
4.      while folded_thickness < target_height:
5.          folded_thickness *= times
6.          fold_count += 1
7.      return fold_count
8.
9.
10. initial_thickness = float(input("请输入纸张的初始厚度（m）："))
11. target_height = float(input("请输入目标距离（m）："))
12. times = float(input("请输入裁剪份数："))
13. fold_count_1=calculate_fold_count(initial_thickness,target_height,
    times)
14. print("纸张需要裁剪", fold_count_1, "次才能超过目标距离。")
15. def calculate_fold_count(initial_thickness,target_height,times):
16.     folded_thickness=initial_thickness
17.     fold_count=0
18.     while folded_thickness<target_height:
19.         folded_thickness*=times
20.         fold_count+=1
21.     return fold_count
22.
```

```
23.
24. initial_thickness=float(input("请输入纸张的初始厚度（m）："))
25. target_height=float(input("请输入目标距离（m）："))
26. times=float(input("请输入裁剪份数："))
27. fold_count_1=calculate_flod_count(initial_thickness,target_height,times)
28. print("纸张需要裁剪", fold_count_1, "次才能超过目标距离。")
```

验证如下：

```
1. 请输入纸张的初始厚度（m）：0.0001
2. 请输入目标高度（m）：384403900
3. 请输入裁剪份数：2
4. 纸张需要裁剪42次才能超过目标距离。
5.
6. 进程已结束.退出代码0
```

模型十三：半衰期模型

学习目标 〉〉〉

（1）学会从变化过程中找到变量之间的关系。

（2）模拟科学发现的过程，学习科学家们在遇到难题时所展现的积极思考、勇于探索的科学精神。

（3）利用数学知识解决实际问题，并体会数学核心素养在科学发现过程中起到的至关重要的作用。

📁 模型背景

1903年，英国物理学家卢瑟福通过实验证实，放射性物质放出射线后，这种物质的质量将减少，减少的速度开始较快，后来较慢，物质所剩的质量与时间成某种数量关系。经过测算，我们发现：镭的质量由 m_0 缩减到 $\frac{1}{2}m_0$ 大约需要

1620年，由 $\frac{1}{2}m_0$ 缩减到 $\frac{1}{4}m_0$ 大约需要 3240–1620 = 1620（年），由 $\frac{1}{4}m_0$ 缩减到 $\frac{1}{8}m_0$ 大约需要 4860–3240 = 1620（年），即镭的质量缩减为原来的一半所用的时间是一个不变的量——1620年，一般把1620年称为镭的半衰期。

❓ 提出问题

根据放射性物质的半衰期现象，我们可以找到放射性物质所剩的质量与时间之间的关系吗?

⏱ 分析问题

根据模型背景中的介绍，分析镭的剩余质量随时间变化的情况，填写表13-1。

表 13-1

时间t（年）					
镭的剩余质量m（kg）					

🔍 模型假设

假设镭的剩余质量仅随时间的变化而变化，不受其他因素的影响。

根据表13-1中的数据，试着将镭的剩余质量m与时间t之间的关系用数学式子表示出来。

📋 模型建立

观察时间变化，得出来的规律：

$1620 = 1 \times 1620$；$3240 = 2 \times 1620$；$4860 = 3 \times 1620 \cdots t = n \times 1620$

观察质量变化，得出来的规律：

$$\frac{1}{2}m_0 = (\frac{1}{2})^1 m_0;\quad \frac{1}{4}m_0 = (\frac{1}{2})^2 m_0;\quad \frac{1}{8}m_0 = (\frac{1}{2})^3 m_0 \cdots$$

第 n 个半衰期之后，镭的剩余质量变为 $(\frac{1}{2})^n m_0$。

✍ 模型分析

观察质量和时间之间的变化关系，可以发现：

$$n = \frac{t}{1620}。$$

把 $n = \dfrac{t}{1620}$ 代入镭的剩余质量中，可得：

$$m = (\frac{1}{2})^n m_0 = (\frac{1}{2})^{\frac{t}{1620}} m_0。$$

最后的计算数据见表13-2。

表　13-2

时间 t（年）	0	$1620 = 1 \times 1620$	$3240 = 2 \times 1620$	$4860 = 3 \times 1620$	$\cdots$	$t = n \times 1620$
镭的剩余质量 m（kg）	m_0	$(\frac{1}{2})m_0 = (\frac{1}{2})^1 m_0$	$\frac{1}{4}m_0 = (\frac{1}{2})^2 m_0$	$\frac{1}{8}m_0 = (\frac{1}{2})^3 m_0$	$\cdots$	$(\frac{1}{2})^n m_0 = (\frac{1}{2})^{\frac{t}{1620}} m_0$

因此，放射性物质所剩的质量与时间的关系是 $m = m_0 (\frac{1}{2})^{\frac{t}{T}}$。

（m_0 为反应前元素的质量，m 为反应后元素的质量，t 为反应时间，T 为放射性元素的半衰期。）

📋 模型推广

在半衰期模型中，每经过一段时间（t），原子核的数量就会衰减一半。假设世界上分布着1000个原子核样本，每个原子核每过1s都有50%的概率衰变，那么：

1s后：大约有500个原子核衰变了，还剩约500个原子核未衰变。

2s后：还剩约250个原子核未衰变。

3s后：还剩约125个原子核未衰变。

以此类推，1s就是这个原子核的半衰期。

因此，我们把t称为该过程的半衰期。半衰期模型可以用来刻画分解、折旧和遗忘等现象。例如：你花了1万元买了一台笔记本电脑，如果它的价值每年以半衰期的方式折旧，那么第二年它的价值就是5000元，第三年就是2500元，第四年就是1250元，第五年就是625元……

【🌐】模型应用

对于某些物理过程，半衰期是恒定的。所有有机物都包含两种形式的碳：不稳定的同位素碳-14以及稳定的同位素碳-12。在活的有机物中，这些同位素是以固定比例存在的。当有机体死亡后，体内的碳-14开始衰变，其半衰期为5730年，而碳-12的数量则不会改变。美国物理化学家威拉德·弗兰克·利比意识到，通过测量碳-14与碳-12的比例，可以估计化石或人工制品的"年龄"，这种技术被称为放射性碳年代测定法。

现在，古生物学家已经将放射性碳年代测定法应用于测定恐龙、猛犸象和史前鱼类遗骸的年代了。考古学家用这种方法判断古生物的真伪，文物鉴定人员用这种方法判断文物的年龄和真伪。

思考❓

问题1：如果科学家测出镭的剩余质量为$\frac{1}{64}m_0$，那么该物质经历了多长时间的衰变？

问题2： 放射性同位素^{24}Na的样本经过6h后，还剩下$\dfrac{1}{8}$没有衰变，那么它的半衰期是多少小时？

 模型意义

半衰期模型看起来比较复杂，实际上只要深入研究，就会发现它其实非常简单。中国古书《庄子·天下》有这样的记载："一尺之棰，日取其半，万世不竭。"即把一根一尺长的木棒，每次截取一半，接着截取一半的一半，如此反复，虽然木棍在变短，但永远截取不完。这与半衰期模型所反映的规律是一致的。此外，半衰期模型在医学、考古学、地球科学、金融和天文学等多个领域都有非常广泛的应用。请查阅相关资料，举例说明半衰期模型在现代社会中的应用。

📖 拓展阅读

药物的半衰期

药物工业和临床医学常常需要建立药物半衰期模型来进行预测和优化。药物半衰期指的是药物在体内的血量浓度下降到原来一半时所需的时间，它是评估药物在体内停留时间以及药效持续时间的重要指标。药物半衰期也是反映药物在体内代谢消除速度快慢的指标。在体内，药物的浓度会受到吸收、分布、代谢和排出等因素的影响。因此，药物半衰期的计算需要考虑药物动力学特征和生理参数等因素。一般来说，药物半衰期计算方法主要包括生命体内净消耗率法、容积清除率法、线性回归法等，需要结合实际情况进行选择。我们可以通过对药物在体内动力学特征的探究，提高药物的治疗效果，从而为人类健康做贡献。

类型六

统计模型

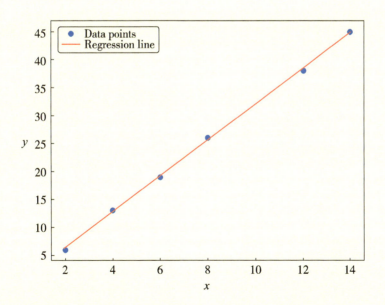

模型十四：糖果之谜——承诺与现实的差距

学习目标 >>>

（1）根据数据的特点和问题的需求选择适当的统计方法和模型。

（2）通过统计模型，我们可以从收集到的数据中提取出有用的信息，并利用这些信息进行分析、预测和决策。

（3）体会统计模型在提高数据分析和问题解决能力中的作用。

模型背景

统计模型是一种数学工具，用于描述和解释数据集中的变量之间的关系和规律。通过统计模型，我们可以从收集到的数据中提取有用的信息，并利用这些信息进行分析、预测和决策。统计模型可以帮助我们理解现实世界中的各种现象，并提供解决问题的方法。

在商品生产和销售过程中，只有通过科学管理，才能取得最大效益，无论生产中的质量管理，还是销售中的市场预测，统计均有广泛的应用。对消费者也是如此，面对商家的各种优惠政策和营销噱头，我们该如何选择呢？统计会给我们很大的帮助。

提出问题

比如在买糖果的时候，我们怎么知道如何购买合适呢？是否落入了商家的营销陷阱呢？

🕐 分析问题

例1 小明去购买糖果，老板给出两种方案。方案一是每袋10颗糖，方案二是每袋中的糖果数量随机，但老板承诺每袋糖果数量会在10颗左右。小明选择了第二种方案，购买了10袋糖果。回家后数了一下，记录在表14-1中。

表 14-1

礼包编号	1	2	3	4	5	6	7	8	9	10
糖果数量（颗）	12	9	11	8	10	13	9	10	11	10

小明亏了吗?

例2 老板还承诺每袋中有2种糖果，硬糖和软糖的数量之比约为0.4。小明统计后，得到的数据见表14-2，符合老板的承诺吗?

表 14-2

礼包编号	1	2	3	4	5	6	7	8	9	10
硬糖数量（颗）	3	2	1	2	3	4	3	3	3	3
软糖数量（颗）	9	7	10	6	7	9	6	7	8	7

将计算过程写在下面，并对结果进行分析。

例3 小明去购买另一种糖果，这次他带了11元，之前购买这种糖果的时候，他记录了一些信息，见表14-3。

表 14-3

金额 （元）	2	4	6	8	10	12	14
糖果数量 （颗）	6	13	19	26	50	38	45

根据已有信息，你能估计出小明这次用11元钱可以买多少颗糖果吗？

解答：通过观察，我们发现除第五组数据外，数据整体看起来是线性关系，因此，可以剔除该组数据，用最小二乘法来拟合金额与糖果数量的关系。最小二乘法的目标是使观测值与模型预测值之间的误差的平方和最小化。

通过最小化误差的平方和，我们可以估计出最佳的斜率和截距。用最小二乘法，我们可以得到拟合的线性模型参数估计值。然后，我们可以用该模型来预测小明这次可以购买的糖果数量。

模型假设

这里，我们假设糖果数量是金额的线性函数，即 $y = mx + c$，其中 m 是斜率，c 是截距。数据点共 n 个，记为 (x_i, y_i)，$i = 1, \cdots, n$。

模型建立

我们可以使用最小二乘法来拟合线性模型。作为近似函数时，函数值与真实值的偏差的平方和 $\sum_{i=1}^{n}(y_i - (mx_i + c))^2$ 最小，此时我们就说这是最佳的拟合结果。

则有 $m = \dfrac{\sum_{i=1}^{n}(x_i - \bar{x})(y_i - \bar{y})}{\sum_{i=1}^{n}(x_i - \bar{x})^2}$，$c = \bar{y} - m\bar{x}$，这样得到的直线方程称为线性回归方程。

模型分析

明确了需求，现在我们只需要设计一套计算方式就可以了。为此，我们将用Python语言来实现我们的目标，即给定一组输入，可以使用最小二乘法得到一个线性函数，并对给定值进行预估。

具体的编程如下：

```python
# 输入数据
X = [2, 4, 6, 8, 12, 14]
y = [6, 13, 19, 26, 38, 45]

money = 11

# 计算样本数量
n = len(X)

# 计算 X 和 y 的均值
mean_X = sum(X) / n
mean_y = sum(y) / n

# 计算斜率和截距的估计值
numerator = 0
denominator = 0
for i in range(n):
    numerator += (X[i] - mean_X) * (y[i] - mean_y)
    denominator += (X[i] - mean_X) ** 2

slope = numerator / denominator
intercept = mean_y - slope * mean_X

# 打印回归系数估计值
print("斜率：", slope)
print("截距：", intercept)

print(f"小明花{money}元可以买{slope*money+intercept}颗。")
```

模型推广

此时，运行代码，得到在剔除（10，50）这组数据后，斜率为3.214，截距为-0.1429，小明花11元可以买约35.2颗糖果。

但我们之前是剔除这组数据计算的，如果保留（10，50）这组数据，再用之前的最小二乘法求解得到：斜率为3.536，截距为-0.1429，小明花11元可以买约38.75颗糖果。显然，剔除以后比较贴合实际。

也就是说，并不是所有的数据都是可以直接用来进行计算的。

模型应用

本讲模型中，我们主要使用的是最小二乘法，它是一种常用的数学优化方法，用于拟合数据、解决最小化误差的问题，并在多个领域具有广泛的应用。

拟合数据和曲线拟合：最小二乘法可用于拟合数据点到一个预定义的函数或曲线上。通过最小化数据点与拟合曲线之间的误差平方和，最小二乘法能够找到最佳的拟合曲线，使得拟合结果最符合实际数据。这在统计学、物理学、工程学和经济学等领域中都有广泛应用，如拟合实验数据、回归分析和数据建模等。

参数估计和回归分析：最小二乘法可用于估计模型中的参数。通过对观测数据和模型之间的误差进行最小化，最小二乘法能够确定最优的参数值，使得模型与实际数据拟合最好。这在回归分析、机器学习和统计推断等领域中非常重要，可以用于建立模型、预测未知数据和进行参数估计。

数据处理和噪声消除：最小二乘法可以帮助处理受到测量误差或噪声干扰的数据。通过拟合一个适当的函数到观测数据上，最小二乘法可以减小测量误差和噪声对数据分析和结果解释的影响。这在信号处理、图像处理和数据滤波等领域中非常有用，可以提高数据质量和提取有用信息。

系统辨识和模型建立：最小二乘法可用于从观测数据中提取系统的动态特性和建立数学模型。通过将模型的输出与实际观测数据进行对比，最小二乘法可以确定最佳的模型参数，使得模型能够更好地描述实际系统的行为。这在控制系统设计、信号处理和系统辨识等领域中非常重要，可以帮助我们理解和预测系统的行为。

参数优化和最佳化：最小二乘法可用于解决各种最小化误差的优化问题。通过将误差函数转化为一个可微函数，最小二乘法可以找到使误差函数最小化的最优参数组合。这在工程优化、金融建模和数据拟合等领域中非常有用，可以帮助我们找到最佳的决策、调整参数和优化系统性能。

思考❓

问题1：例1和例2问题中，仅凭10个礼包就对老板的话进行确认还是不够充分的，这是因为数据量太少。若是小明买了100袋，并从老板那里得到了每个礼包的详细数据，又该怎么计算？1000袋呢？10000袋呢？

问题2：计算糖果比例时，又该如何剔除极端数据？

问题3：在计算平均比值时，可以把每袋的比值直接求平均数以作为结果吗？

问题4：在计算最小二乘法时，可以画个图来直观展现结果吗？

模型意义

最小二乘法的意义在于它提供了一个强大而灵活的工具，能够处理和解决各种实际问题中的最小化误差和优化任务。它不仅在数据分析和模型建立中发挥着重要作用，还为我们提供了一种数学框架，用于理解和解释观测数据、优化参数和改进系统性能。

📖 **拓展阅读**

最小二乘法拓展知识

除了上述提到的基本应用，最小二乘法在统计学和数学中还有一些拓展的知识点和应用。

加权最小二乘法：当数据点具有不同的权重或方差时，可以使用加权最小二乘法。通过为每个数据点分配适当的权重，可以更好地拟合具有不同置信度的数据点。

非线性最小二乘法：最小二乘法不仅适用于线性模型，还可以扩展到非线性模型。在非线性最小二乘法中，模型形式可以是非线性的，参数估计通常使用迭代的方法，例如高斯-牛顿法或Levenberg-Marquardt算法。

多变量最小二乘法：当模型具有多个自变量时，可以使用多变量最小二乘法。在多变量最小二乘法中，需要估计多个参数，并通过最小化观测数据与模型预测之间的误差平方和找到最优的参数值。

最小二乘法的假设检验：在统计学中，可以用最小二乘法进行参数估计的假设检验。通过计算回归系数的标准误差、置信区间和假设检验统计量（如t-统计量或F-统计量），可以评估模型的显著性和参数的统计显著性。

广义最小二乘法：广义最小二乘法是一种将最小二乘法应用于具有线性约束或非线性约束的问题的扩展方法。通过引入约束条件，可以在满足约束的情况下找到最优的参数估计。

最小二乘法的正则化：在某些情况下，最小二乘法可能会导致过拟合问

题。为了解决过拟合，可以使用正则化技术，如岭回归（Ridge Regression）或Lasso回归（Lasso Regression），通过在目标函数中引入正则化项来约束参数的大小。

模型十五：多目标评价模型——食堂销售顾问

学习目标 >>>

（1）基于真实情境，经历统计调查全过程：收集、整理、描述和分析数据得出结论，形成完整的调查报告，培养统计意识。

（2）学习数据收集、描述、分析的常用方法并会选择恰当的方法解决实际问题，培养科学严谨的学习态度和推理分析能力。

（3）会借助Excel等工具进行数据处理，激发探究和创新意识。

（4）通过小组合作方式培养团队协作能力，提高实践能力。

模型背景

学校现有5个学生食堂，各个食堂档口菜品丰富，深受学生们的欢迎。尽管学校食堂充足，但时间久了，一些现象浮现出来：有些学生经常愿意只去一个食堂；某个窗口前经常排长队，影响了就餐的效率；不同年级和学段的学生（初中、高中部）对菜品的需求也有所不同……

如果食堂聘请你作为食堂经理，请你深入调研，了解背后的原因并综合评价每个食堂，结合数据提供建议。

提出问题

为提高学生就餐服务效率和食堂服务质量，对学生的就餐偏好进行调查研究，同时结合数据给各个食堂提供合理性建议。

（1）作为食堂经理，想要了解目前食堂的情况，你该如何去了解？你要解决问题的目标是什么？

（2）针对目标，具体要求是什么？需要获得哪些数据？

（3）想要综合评价每个食堂，从学生体验感的角度需要考虑到不同的影响因素，多维度地去评价。请你思考影响食堂评价的因素主要有哪些。

分析问题

为了进一步了解各个食堂的综合情况，首先需要调研数据，对各个食堂进行量化评价，结合评价模型数据给食堂提供针对性的建议，提升食堂就餐体验感。那么我们就需要思考如何借助数据客观公正地评价每个食堂，单一的评价指标影响较大，我们可以建立多维度的目标评价体系来了解各个食堂的情况，获得学生对于不同食堂的体验感受。食堂评价的影响因素可以从多个角度和维度进行分析，比如饭菜质量、员工服务等，考虑的维度越多，评价的指标就越详细。然后再去制订各个指标所占的权重，结合数据，利用加权求平均数的方式，从多个角度对各个食堂进行综合量化评价。

模型假设

结合分析做出如下假设：每日就餐无外来人员的流动；调研数据时，每位参与调研的同学能如实作答问卷，不考虑特例情况；食堂统一采购，不存在进价差距等；随机调研情况符合学生日常就餐规律。

模型建立

想要综合评价每个食堂，从学生体验感的角度需要考虑到不同的影响因素，多维度地去评价。经过分析可知，影响食堂评价的因素主要有以下几种。

饭菜质量对学生满意度的影响：饭菜的口味、品种、卫生、价格、创新。

服务质量对学生满意度的影响：员工态度、餐具清洁度、就餐排队时长。

就餐环境对学生满意度的影响：食堂位置、食堂桌椅设施、食堂环境。

结合以上多个维度综合评价各个食堂的整体情况，我们可以进一步建立层次结构模型，如图15-1所示。

继而经历确定权重——收集数据——处理数据——加权求值等过程，获得各个食堂的多维度评价情况。

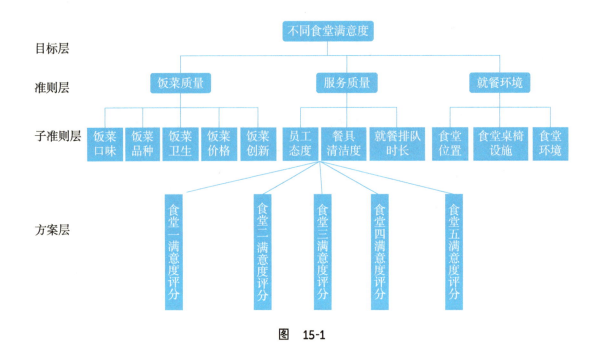

图 15-1

模型分析

建立了学生对食堂满意测评后，学生对食堂的服务、价格、环境等方面的综合考虑满足了全面性、重要性和可操作等原则，在进行量化评价时会经历如下几个重要阶段。

1. 确定不同影响因素的重要程度

想要综合评价每个食堂，根据上面的分析可知，是从学生体验感的角度确定了11个影响因素，在评价不同的食堂时，还要确定这些影响因素的重要程度，可以用权重 w 来表示。学生也可以根据自己的就餐习惯赋值给不同的因素以不同的权重，比如：

$w_1 = 15\%$，$w_2 = 10\%$，$w_3 = 15\%$，$w_4 = 5\%$，$w_5 = 5\%$，$w_6 = 5\%$，$w_7 = 10\%$，
$w_8 = 15\%$，$w_9 = 10\%$，$w_{10} = 5\%$，$w_{11} = 5\%$。

对于多个指标，我们可以每两个进行比较评价，根据两两比较的结果来判断权重，具体可见参考答案。

2. 设计调研问卷，收集学生的评价数据

得到了关于食堂评价的不同影响因素所占的权重后，我们接下来要获取的是学生针对不同食堂的评价量化分数，可以通过问卷星的形式获得，再进行初步的数据分析和整理，得到每个因素的均分。进行数据调研时需要设计问卷，案例可见参考答案。

3. 处理和分析数据

将调研问卷以问卷星的形式投放，尽可能收集不同年级学生的反馈数据，进行不同食堂数据满意度的收集，并进行初步的处理（计算均值或者方差等）。案例可参见参考答案。

模型推广

本讲借助层次分析法评价了不同食堂的整体情况，在确定每个不同评价指标的重要程度时，为了简化模型，我们按照日常学生的喜好进行了指定权重，即不同指标的重要程度。当然，不同的权重代表着学生对某项评价的侧重不同。可以根据学生的喜好，调整权重，根据权重的不同可以了解到不同年级学生对于食堂的评价侧重不同，进而对学生的喜好也就有了更清晰的认知。

模型应用

多目标评价是一种综合考虑不同评价指标的评价方法。通过明确评价目标和指标、确定指标权重、进行指标标准化和综合计算，以及对评价结果进行解释，可以得到一个全面、客观的评价结果。多目标评价在生活中具有广泛的应用，比如临近五一假期，很多同学将要外出旅游，如何选出符合自己需要的旅游目的地呢？这时我们便可以类比以上的探究，从景色、路途、饮食、费用、住宿情况等多个目标进行对比分析和评价，从而找到符合自己需求的旅游目的地。同学们多观察生活中的实例，看看哪些问题可以用多目标分析的方法进行方案选择或者评价，不妨去尝试一下吧。

思考❓

问题：小明周末打算和同学们外出就餐，从手机App平台上获得了一些餐厅的信息，请你利用以上所学，帮小明选择一个适合他们需求的餐厅。提出问题：

（1）他们的目标是什么？

（2）你有几种可供选择的方案？

（3）影响他们选择的指标（评价的准则）是什么？

（4）如何选择符合他们需求的餐厅？

模型意义

（1）得到不同学段学生的食堂满意度数据。食堂满意度评价过程中设计多项指标，各因素相互关联、相互制约，是一个复杂系统的综合评价问题，需对其进行客观、科学、合理的评价。根据最后的结果针对不同的食堂给出合理性建议，发现各个食堂的亮点以及需要改进的方向，对某些得分较低的指标进行改进，提升食堂满意度。

（2）采用层次分析法获得不同指标的重要程度，可以根据本校学生对于食堂的喜好画像，形成本校学生的特点，对于食堂工作有一定指导意义。

拓展阅读

多目标评价方法

较常用的综合评价方法包括多目标群决策方法、层次分析法、层次网络分析法、灰度分析方法、TOPSIS排序法、折中排序法、贝叶斯网络等。

层次分析法是一种定性和定量相结合的、系统的、层次化的分析方法，由美国运筹学家、匹兹堡大学教授萨蒂于20世纪70年代初提出。层次分析法是将要决策的问题及其有关因素分解成目标、准则、方案等层次，进而进行定性和定量分析的决策方法。它的特征是合理地将定性与定量决策结合起来，按照思维、心理的规律将决策过程细致化（层次化、数量化）。

层次分析法将问题分解为组成因素，并按照因素间关联、影响以及隶属关系将因素按不同的层次聚集组合，形成一个多层次的分析结构模型。有学者认为层次分析法的根本是打分法，即确定指标，按照不同方案指标打分，并为指标确定权重。

运用层次分析法建模，大体上可按4个步骤进行：建立递阶层次结构模型；构造出各层次中的所有判断矩阵；层次单排序及一致性检验；层次总排序及一致性检验。

层次分析法常常用于处理数据未知的评价，它在生活评价及决策方面有着广泛的应用。

参考答案

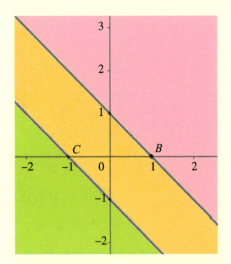

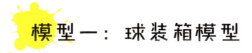

模型一：球装箱模型

提出问题

（1）鼓励学生多角度提问题，如一个箱子里最多可以装多少个苹果？如何收纳更节省箱子？一个箱子可以装多少种物品……

（2）这里我们选择"一个箱子里最多可以装多少个苹果"来研究。苹果形状可以想象为球，问题用数学语言表述就是所有苹果的体积和除以箱子的体积，我们称为箱子的利用率，利用率越大，箱子装的苹果越多。其他问题可进行类比分析。

模型分析

这个问题由于限制太少（箱子任意，球任意），因此没法求解。要想求解，是不是应该有所限制呢？为了便于我们研究，我们假定箱子是一个正方体，所有的球都一样大。

问题1：按照图1-8b的堆积方法，我们构造一个正方形里堆积圆的方法，将边长为21cm的正方形拆分成两个11×10的长方形，一个边长为11cm的正方形，一个边长为10cm的正方形，见答表1-1。

答表　1-1

10×11	10×10
11×11	10×11

问题2：图1-8a与图1-8b堆积方式的本质不同是，图1-8a内部的那些圆与周围4个圆相切，而图1-8b内部的那些圆与周围6个圆相切。我们可以证明1个圆最多与周围6个圆相切，因此这种堆积方式最优。

问题3：类似于平面情形，1个圆与周围6个圆相切的堆积方式，我们可以让球体按照交错的方式堆积，1个球与它周边的球体都相切，如答图1-1所示，这种堆积方式比其他堆积方式要堆得多。

答图　1-1

具体堆积方式这样安排：第一排和第二排穿插着摆放，相邻的3个球的球心刚好构成一个正三角形，每个球都和其他相邻的6个球相切；堆放第一层后就放第二层，在每3个球形成的凹陷处放置1个球体，刚好第二层的所有球之间也都相切；第三层以此类推，仍然放到第二层3个球所构成的凹陷处。

这样会形成两种规律：第一种是第三层的每个球都和第一层对齐，我们把第一层叫作A，第二层叫作B，从第三层开始就会形成$ABAB$的循环，这种摆法叫作六方最密堆积；第二种是第三层和第一层并不对齐，但是第四层和第一层对齐，也就是形成了$ABCABC$的循环，这种摆法叫作面心立方堆积。答图1-2所示这两种摆法内部的每个球都和12个球相切。直觉上这两种摆法都是最佳的，这就是开普勒直觉上的最佳摆法。

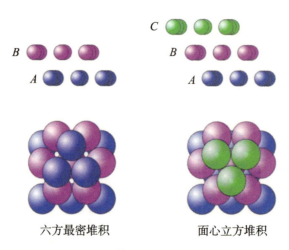

六方最密堆积　　　　　面心立方堆积

答图　1-2

模型二：自相似模型

模型建立

问题1： 因为是去掉了中间的 $\frac{1}{3}$，所以图2-3中的4段小线段的长度为 $\frac{4}{3}$ m。

问题2： 根据问题1的思路，每段都去掉了中间的 $\frac{1}{3}$，所以图2-4中的16段小线段的长度为 $16 \times \frac{1}{9} = \frac{16}{9}$（m）。

问题3： 根据前面问题的思路，每段都去掉了中间的 $\frac{1}{3}$，所以图2-5中的64段小线段的长度为 $\frac{4}{3} \times \frac{16}{9} = \frac{64}{27}$（m）。

问题4： 根据前面问题的思路，每段都去掉了中间的 $\frac{1}{3}$，所以图2-6中的256段小线段的长度为 $\frac{4}{3} \times \frac{64}{27} = \frac{256}{81}$（m）。

问题5： 很容易计算出图2-7中3个三角形留下来的小三角形的面积之和分别为：图2-7a中的面积 $S = \frac{3}{4}$ m²，图2-7b中的面积 $S = \frac{9}{16}$ m²，图2-7c中的面积 $S = \frac{27}{64}$ m²。

问题6： 易知剩下的8个小正方形（阴影部分面积）面积之和为 $\frac{8}{9}$ m²。

问题7： 易知剩下的64个小正方形（阴影部分）的面积之和为 $\frac{64}{81}$ m²。

问题8： 易计算出剩下的512个小正方形（阴影部分）的面积之和为 $\frac{512}{729}$ m²。

问题9： 图2-11中3条线段的长度之和为2m。

问题10： 其中有1条长度为1m，有2条长度为 $\frac{1}{2}$ m，有4条长度为 $\frac{1}{4}$ m，7条线段长度之和为3m。

问题11： 其中有1条长度为1m，有2条长度为 $\frac{1}{2}$ m，有4条长度为 $\frac{1}{4}$ m，有8条

线段长度为$\frac{1}{8}$m，这15条线段的长度之和为4m。

问题12： 其中有1条长度为1m，有2条长度为$\frac{1}{2}$m，有4条长度为$\frac{1}{4}$m，有8条线段长度为$\frac{1}{8}$m，有16条线段长度为$\frac{1}{16}$m，这31条线段的长度之和为5m。

模型三：数兔子模型

分析问题

画图如答图3-1所示。

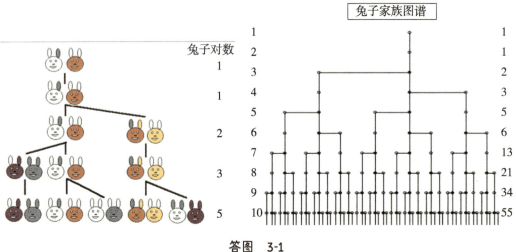

答图 3-1

模型建立

（1）$F_n = a_n + b_n$。

（2）$F_{n+1} = 2a_n + b_n$。

（3）$F_{n+2} = 3a_n + 2b_n$。

（4）递推关系：$F_{n+2} = F_n + F_{n+1}$。

模型分析

（1）$\because F_{n+2} - pF_{n+1} = q\left(F_{n+1} - pF_n\right)$，

$\therefore F_{n+2} = (p+q)F_{n+1} - pqF_n$，

又$\because F_{n+2} = F_{n+1} + F_n$，

$\therefore p+q = 1$，$pq = -1$，

$\therefore p = \dfrac{1-\sqrt{5}}{2}$，$q = \dfrac{1+\sqrt{5}}{2}$ 或 $p = \dfrac{1+\sqrt{5}}{2}$，$q = \dfrac{1-\sqrt{5}}{2}$。

（2）$F_n = \dfrac{q^{n-1}\left[\left(\dfrac{p}{q}\right)^n - 1\right]}{\dfrac{p}{q} - 1} = \dfrac{p^n - q^n}{p - q}$，

由（1）知，$F_n = \dfrac{p^n - q^n}{p - q} = \dfrac{1}{\sqrt{5}}\left[\left(\dfrac{1+\sqrt{5}}{2}\right)^n - \left(\dfrac{1-\sqrt{5}}{2}\right)^n\right]$。

模型推广

（1）第一个推广模型：$F_{n+2} = 2F_n + F_{n+1}$，根据递推关系和初值条件，我们有：

$F_1 = 1$，$F_2 = 1$，$F_3 = 3$，$F_4 = 5$，$F_5 = 11$，$F_6 = 21$，$F_7 = 43$，$F_8 = 85$，$\cdots$

$F_{n+2} = 2F_n + F_{n+1}$有实际意义：一对兔子一个月长成成年兔，一对成年兔每次产下两对幼兔。因此这个模型推广确实能反映出一种实际情况。

（2）第二个推广模型：$F_{n+2} = F_n + 2F_{n+1}$，第一项F_n可以理解为一对幼兔一个月后长成成年兔，再一个月后产下一对幼兔。第二项$2F_{n+1}$表示的是一对幼兔一年后变成了两对！这就不合情理了。因此这个模型的推广就没有实际意义。

模型应用

解：假设台阶为变量n，F_n表示到达第n个台阶的爬行方式的数目，$n=0$时表示在地面，$F_0=0$。首先让我们直观地分析一下，从地面到第1个台阶，只有1种方法，即$F_1=1$。到第2个台阶有2种方式，可以先到第1个台阶再到第2个台阶，也可以一步跨到第2个台阶，因此$F_2=2$。到第3个台阶有3种方式，可以先到第1个台阶再到第2个台阶，也可以一步跨到第2个台阶，再到第3个台阶；还可以先一步到第1个台阶，然后跨两步到第3个台阶，因此$F_3=3$。我们会感觉这有点像递推。事实上，寻找递推关系最重要的思想是向后看，而不是闷头一直往前推。到达第n个台阶的爬行方式的数目F_n，因为一次只能跨一步或者两步，所以到达第n个台阶的数目只取决于往后退的两个台阶。到达第$n-2$个台阶时，可以一步就跨到第n个台阶，也可以先跨一步到第$n-1$个台阶，然后再跨一步到达第n个台阶。到此为止，爬楼梯的数目是不是就出来了？$F_n=F_{n-1}+F_{n-2}$，就是我们前面讨论过的斐波那契数列递推公式。

问题1：假设第n个月初的兔子对数为$F(n)$，根据题目，我们可以建立以下模型：

$F(1)=1$（初始时只有1对兔子），$F(2)=1$（第二个月末，兔子仍然只有一对），从第3个月开始，每个月的兔子对数都是前两个月的兔子对数之和，即$F_n=F_{n-1}+F_{n-2}$，其中$n>2$。现在我们要来计算$F(12)$，即一年后的兔子对数。算出：

$F_1=1$，$F_2=1$，$F_3=2$，$F_4=3$，$F_5=5$，$F_6=8$，$F_7=13$，$F_8=21$，$F_9=34$，$F_{10}=55$，$F_{11}=89$，$F_{12}=144$。

所以，一年后的兔子总数为：

$2(F_1+F_2+F_3+\cdots+F_{12})=2\times(1+1+2+\cdots+144)=752$（只）。

问题2：方法同问题1，不过从第3个月开始，每个月的兔子对数都是前两个月的兔子对数之和，即$F_n=2(F_{n-1}+F_{n-2})$，其中$n>2$。算出一年后的兔子总数为63296只。

问题3：假设$F(n)$表示兔子爬n个台阶的不同方法数。

根据题目，我们可以建立以下递推关系：

当$n=1$时，只有1种方法（迈1个台阶）。

当$n=2$时，有2种方法（迈2个台阶，迈2次1个台阶）。

当$n=3$时，有4种方法（迈3个台阶，迈1个台阶后再迈2个台阶，迈2个台阶后再迈1个台阶，迈3次1个台阶）。

对于$n>3$，兔子可以从$n-1$，$n-2$或$n-3$个台阶的位置一步迈上来，所以$F(n)=F(n-1)+F(n-2)+F(n-3)$。

模型四：目力所及的地方

分析问题

（1）地球仪抽象为球体；人眼视线抽象为球横截面所对应圆的切线；人眼抽象为点……

（2）首先，求出航天员可以看到地球的范围大小。其次，查阅资料，了解国土横向和纵向的最大跨度。最后，将两者进行比较，得出结论。

模型假设

（1）物体整体形状、物体表面的凸起、观察角度、物体大小、观察点与物体的距离……

（2）模型假设，如答图4-1所示。

①假设地球形状为正球体，该球体的半径为6371km，横截面为如答图4-1所示的圆O，且$r=OA=OB=OC=6371$km。

②中国空间站运行轨道高度为400~450km，假设中国空间站在距离地球425km的轨道上运行，如答图4-1所示，即$PC=425$km。

③忽略视线的遮挡，假设航天员可以在舱外进行观测。

④最远观测视线与球体相切，即$PA\perp OA$，$PB\perp OB$。

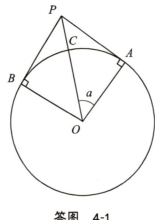

答图 4-1

模型建立

$\cos a = \dfrac{OA}{OP} = \dfrac{r}{r+PC}$，借助计算机中的反三角函数计算器，求得$\angle a$。

则航天员的视角为$\angle BPA = 180° - 2a$。

航天员可以看到的范围为球面的一部分，其中，$\overset{\frown}{AB}$的长度为$\dfrac{2a\pi r}{180}$。

模型分析

（1）将假设数据代入上述模型：

$OA = 6371\text{km}$，

$OP = PC + OC = 6796\text{km}$，

$\cos a = \dfrac{OA}{OP} = \dfrac{6371}{6796} \approx 0.9375$。

借助计算机中的反三角函数计算器，求得$\angle a \approx 20.364°$，则航天员的视角大约为$140°$。

（2）将假设数据代入上述模型：

$\overset{\frown}{AC} = \dfrac{a\pi r}{180} \approx \dfrac{20.364 \times 3.14 \times 6371}{180} \approx 2263.23\text{km}$，

$\overset{\frown}{AB} = 4526.46\text{km}$。

某一时刻遥瞰地球，航天员能看到的视角大约为$140°$，所能看到的曲面跨度约为4526.46km。

因为4526.48＜5200，所以，航天员不能将整个中国尽收眼底。

模型应用

问题：该问题与本节所学习的模型相似度很高，这里给出解决问题的几点提示：在该问题模型假设中，需要查阅资料或进行测量，获取每层楼的平均高度；可以使用本讲的解三角形模型求解。

模型五：兔子为什么永远追不上乌龟

模型建立

由于行程=速度×时间。$s=vt$，其中s是行程，v是速度，t是时间。因为乌龟的速度为1m/s，兔子的速度为2m/s，因此乌龟的运动方程为：$s=1×t=t$，兔子的运动方程为：$s=2×t=2t$。

①当兔子跑到乌龟最初的位置A处时，兔子所花的时间为：$100÷2=50$s。同样，这段时间内乌龟到达了A_1处，AA_1的距离为：$s=1×50=50$（m）。此时乌龟和兔子相距50m。

②当兔子跑到乌龟的位置A_1处时，兔子所花的时间为：$50÷2=25$s。同样，这段时间内乌龟到达了A_2处，A_1A_2的距离为：$s=1×25=25$（m）。此时乌龟和兔子相距25m。

③当兔子跑到乌龟的位置A_2处时，兔子所花的时间为：$25÷2=12.5$s。同样，这段时间内乌龟到达了A_3处，A_2A_3的距离为：$s=1×12.5=12.5$（m）。

……

如此继续下去，感觉好像这个过程可以一直下去，因而就给人造成一种假象，即兔子永远追不上乌龟。但是我们进行分析且能很容易看出兔子和乌龟的距离越来越短，也就是说兔子追上乌龟的时间也越来越少。那么，我们看看兔子追乌龟所花的时间规律，追的时间 $t = 50+25+12.5+\cdots$，这实际上就是一个公比为 $\frac{1}{2}$ 的级数，$t = 50\times[1+\frac{1}{2}+(\frac{1}{2})^2+\cdots] = 100$（s）。因此，所谓的兔子永远追不上乌龟，就是指时间在100s以内兔子总是在乌龟的后面，一旦时间超过了100s，兔子就跑到乌龟的前面去了。

模型应用

问题1：线段 AB 上有一点 C，称为线段 AB 的黄金分割点，即 $AB/AC = AC/CB$。寻找黄金分割点的办法如下。

作法：设 $AB=1$，如答图5-1所示。

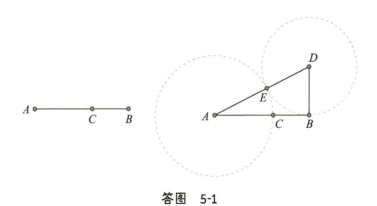

答图 5-1

①过点 B 作 $DB \perp AB$，且 $DB = \frac{1}{2}$。

②连接 AD，则知 $AD = \frac{\sqrt{5}}{2}$。

③以 D 为圆心，DB 为半径作圆，交 AD 于点 E，则 $AE = \frac{\sqrt{5}-1}{2}$。

④以 A 为圆心，AE 为半径作圆，交 AB 于点 C，则点 C 为所求的黄金分割点。

问题2：这个问题同学们可以自行探究，以下只给出探究的方向。

黄金分割和自然界中的花之间存在密切的关系，这体现在花朵的构造、花瓣的数量以及排列方式等多个方面。

首先，许多花朵的构造符合黄金分割的原理。这意味着在花朵的设计中，各个部分的比例关系往往符合黄金分割比例，即大约是1：1.618。这种比例关系使得花朵在视觉上更加和谐、美观。

其次，花瓣的数量也与黄金分割有关。科学家们发现，许多植物的花瓣数量与斐波那契数列中的数字相吻合，而这个数列又与黄金分割有密切的关系。例如，百合花通常有3枚花瓣，桃花和梨花通常有5枚花瓣，向日葵的花瓣数量则可能是斐波那契数列中的某个数字。这种花瓣数量的排列方式不仅美观，而且有助于花朵的通风、采光，从而使其生长得更加健康。

此外，花瓣的排列方式也体现了黄金分割的原理。在花朵中，花瓣通常按照一种螺旋状的方式排列，这种排列方式符合黄金分割的比例关系。

问题3：设 $\dfrac{1}{1+\dfrac{1}{1+\dfrac{1}{1+\cdots}}}=t$ （$t>0$），则 $\dfrac{1}{1+t}=t$，可解这个分式方程得

$t=\dfrac{\sqrt{5}-1}{2}$。

模型六：洗衣模型

提出问题

答案不唯一。例如：洗涤衣服时，定量的水和衣服，漂洗几次衣服更干净？总用水量如何分配，能使衣服洗涤得更干净？

分析问题

（1）漂洗次数、清水量、洗衣液残留量、洗衣液的溶解效率、衣服拧干后的含水量、水的温度、搓洗衣服的方式……

（2）影响因素中的主要因素包括：总用水量、漂洗次数、每次用水量、拧干后衣服上残留混合物的量、拧干后洗衣液残留量。其次，忽略次要因素，如水的温度、洗衣液还是洗衣粉、洗衣液的溶解效率、搓洗衣服的方式等。最

后，用数学符号表达主要因素。

模型假设

案例对比和质疑

①案例1和2的假设中都包含3个主要因素：清水量、拧干后衣服上残留混合物的量、漂洗次数。与其相比，案例3和案例4的假设中多了主要因素：原有洗衣液的量。这个量是否有用呢？这要看后续建模中是否要用到这个量，两者皆可。

②关注单位。案例1和案例4的假设中除次数n"次"外，其余单位都使用了"kg"，案例3使用了10000"个"肥皂分子。这就要关注在模型的建立过程中，运算是否成立，如果需要清水与洗衣液的混合量，用加法时还需要将10000"个"肥皂分子转化为某"kg"才能进行计算。案例中水的单位都使用了kg，而不是L（升），与污渍的量单位统一，省去了将水体积转化为水质量的过程。

③案例1、3、4假设用5~10kg水，案例2假设用90kg水，拧干后衣服上留下的混合物质量也不同。似乎假设怎样的数值不影响建模的结果，但仍建议假设数值时尽可能贴合实际情况，关注数据的合理性。为避免这种情况，给大家一个万能的方案——用代数式来表示量。

④案例1的假设（4）中忽略了次要因素的影响，这是其余案例未提到的。

⑤案例2的假设（5）提到拧干前后洗衣液的浓度不变，这是其余案例未提到的，该假设为模型建立提供了依据。

模型假设的答案不唯一，与模型求解对应即可。

示例1：特殊情况

①共10kg清水，分n次漂洗衣物。

②每次拧干后残留的液体都为1kg。

③假设洗衣液均匀分布在衣服上，且忽略水温、水质、污物溶于水的能力不同等影响。

示例2：一般情况

①共$m$kg清水，分n次漂洗衣物，设每次用$m_n$kg(n=1，2，…)。

②衣服上最初残留的污物（含污渍、洗衣液等）为 $w_0$kg，每次漂洗后残留的污物为 $w_n$kg（ $n=1$，2,…）。

③每次拧干后残留的水都为 λkg。

④假设污物均匀分布在衣服上，且忽略水温、水质、污物溶于水的能力不同等影响。

📋 模型建立

分析第一次漂洗的情况，将带有 $w_0$kg污物和 λkg水的衣服放在 $m_1$kg的清水中，即 $w_0$kg的污物将溶于 $(\lambda+m_1)$kg的水中，拧干后，衣服上污物为 $w_1$kg，残留的水仍为 λkg。

根据拧干前后污物混合物的浓度不变，列出下列关系式：

$$\frac{拧干前污物量}{拧干前水量}=\frac{拧干后污物量}{拧干后水量}。$$

✍️ 模型分析

示例1：特殊情况

①当 $n=1$ 时：

直接把衣服放到全部10kg水中，只进行一次漂洗，剩余的含污物是原来的：

$$\frac{1}{1+10}=\frac{1}{11}。$$

②当 $n=2$ 时：

先用5kg水漂洗，再用5kg水漂洗，剩余的含污物是原来的：

$$\frac{1}{(1+5)^2}=\frac{1}{36}。$$

如果第一次先用4kg水漂洗，剩余的含污物是原来的：

$$\frac{1}{1+4}=\frac{1}{5}。$$

再用6kg水漂洗，剩余的含污物是原来的：

$$\frac{\frac{1}{5}}{1+6}=\frac{1}{35}。$$

10kg的水用整数分配时有以下几种情况，见答表6-1。

答表　6-1

两次水量分配	1:9	2:8	3:7	4:6	5:5
剩余的含污物与原来的比值	$\frac{1}{20}$	$\frac{1}{27}$	$\frac{1}{32}$	$\frac{1}{35}$	$\frac{1}{36}$

根据上表得出，两次漂洗明显比一次漂洗污物剩余量小。而两次漂洗时，均分水量漂洗衣服后，残留的含污物质量最低。且越靠近均分比例，漂洗得越干净。

③如果$n=3$，$n=4$，$n=5$……是否能洗得更干净呢？见答表6-2。

答表　6-2

漂洗次数	$n=1$	$n=2$	$n=3$	$n=4$	$n=5$
剩余的含污物与原来的比值	$\frac{1}{11}$	$\frac{1}{36}$	$\frac{27}{2197}$	$\frac{16}{2401}$	$\frac{1}{243}$

通过建模，最后得出衣物干净程度与漂洗次数以及用水方案的关系。漂洗次数越多，且将总的水量尽量均分，漂洗后的污物剩余量越少，不过随着漂洗次数的增加，含污物变化幅度逐渐减小，变干净得也就越不明显了。这一结论可以通过实际操作检验得到。

在日常实际洗衣服时，我们还要注意节水，关注用水量，每次漂洗要将所洗衣服完全浸湿，无限制的多次漂洗完全没有必要；同时我们还要考虑衣服漂洗的磨损、电费的消耗、洗衣机的损耗，以及大量的人工时间等因素，所以漂洗次数应定在污物减少的变化量最明显且其余成本较低的时候，如答图6-1所示，漂洗2~3次最为经济实惠。

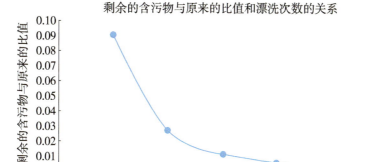

答图 6-1

示例2：一般情况

将假设代入上述关系式，得$\dfrac{w_1}{\lambda}=\dfrac{w_0}{\lambda+m_1}$，即$w_1=\dfrac{w_0\lambda}{\lambda+m_1}=\dfrac{w_0}{1+\dfrac{m_1}{\lambda}}$。

分析第二次漂洗情况，将带有$w_1$kg污物和λkg水的衣服放在$m_2$kg的清水中，$w_1$kg的污物将溶于$(\lambda+m_2)$kg的水中，拧干后，衣服上污物为$w_2$kg，残留的水仍为λkg。

列式得$\dfrac{w_2}{\lambda}=\dfrac{w_1}{\lambda+m_2}$，即$w_2=\dfrac{w_1\lambda}{\lambda+m_2}=\dfrac{w_1}{1+\dfrac{m_2}{\lambda}}$。

将w_1代入，得$w_2=\dfrac{w_0}{(1+\dfrac{m_1}{\lambda})(1+\dfrac{m_2}{\lambda})}$，同理得$w_n=\dfrac{w_0}{(1+\dfrac{m_1}{\lambda})(1+\dfrac{m_2}{\lambda})\cdots(1+\dfrac{m_n}{\lambda})}$。

根据均值不等式可得

$$(1+\dfrac{m_1}{\lambda})(1+\dfrac{m_2}{\lambda})\cdots(1+\dfrac{m_n}{\lambda})\leqslant[\dfrac{(1+\dfrac{m_1}{\lambda})+(1+\dfrac{m_2}{\lambda})+\cdots+(1+\dfrac{m_n}{\lambda})}{n}]^n$$

$$=(\dfrac{n+\dfrac{m}{\lambda}}{n})^n=(1+\dfrac{m}{n\lambda})^n \ 。$$

分析上式可得：

当$m_1=m_2=\cdots=m_n$时，

$(1+\dfrac{m_1}{\lambda})(1+\dfrac{m_2}{\lambda})\cdots(1+\dfrac{m_n}{\lambda})$最大，此时，$w_n$最小。$w_{n\min}=\dfrac{w_0}{(1+\dfrac{m}{n\lambda})^n}$。

w_0越小，$w_{n\min}$越小，且呈正比关系。

m越大，$w_{n\min}$越小。

λ越小，$w_{n\min}$越小。

借助几何画板画图分析，如答图6-2所示。由图可得：w_n的最小值随着n的增大而减小，且变化率也逐渐减小。

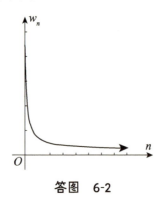

答图　6-2

对照上述分析，可得出结论：

①一般地，在用水总量和漂洗次数都相同的情况下，等量用水漂洗比不等量用水漂洗的最后残留污物要少。

②在漂洗条件相同的情况下，最初残留的污物与漂洗后最终残留的污物成正比，也就是衣服越脏越难洗。与实际生活相符。

③在其他条件一定的情况下，水量越多，衣服洗得越干净。实际生活中，出于节约用水的原则，适量即可。

④在其他条件一定的情况下，每次拧得越干，衣服洗得越干净。实际生活中，我们应尽量让漂洗后的衣服拧干或用洗衣机甩干，效果更好。

⑤在每次漂洗等量水的情况下，漂洗的次数越多，衣服就越干净，但这与实际情况不符，因为每次漂洗衣服用水量不能无限小。因此，建议根据污物减少率，选择合适的漂洗次数。

模型应用

问题：该问题的解决与本讲模型类似，此处提供解决问题的几点提示：聚焦某类洗涤剂，查阅资料了解洗涤剂的清洁原理，如乳化作用、分散作用、表面活性剂的作用等；分析问题时要注意，除了实现高效去污外，还要关注环境问题及成本效益。

模型八：体育比赛中的积分统计

模型推广

问题1：提出问题

在一场围棋比赛中，每位参赛者每赢一场比赛获得3分，每输一场比赛失去1分，平局则双方各得1分。现在有一个参赛者A，他参加了N场比赛，并且获得了M分。请问，A最多能赢多少场比赛？

模型建立

根据题目条件，我们可以建立以下方程：

赢得的分数是$3W$（因为每赢一场得3分），失去的分数是L（因为每输一场失1分），平局的分数是D（因为每平一局得1分）。总共参加了N场比赛，即$W+L+D=N$，总共获得了M分，即$3W-L+D=M$。

模型分析

我们需要解这个方程组来找到W的最大值。但是，由于这是一个不等式问题，我们不需要解出具体的W，L，D的值，只需要找到W的上界。

从第二个方程中解出D，我们得到$D=M-3W+L$。

将这个表达式代入第一个方程中，我们得到：$W+L+(M-3W+L)=N$，解得$L=\dfrac{N-M+2W}{2}$，由于L和W都必须是非负整数，并且L不能大于$N-W$（因为A赢的场次不能比总的比赛场次还多），所以我们有：

$$0\leq L=\frac{N-M+2W}{2}\leq N-W。$$

解这个不等式组，我们得到：$M-N\leq 2W\leq N$。

因此，W的最大值是$\dfrac{N+M-N}{2}=\dfrac{M}{2}$（当且仅当$L=0$时取到）。

模型结论

但是，由于每场比赛最多得3分，所以W的最大值实际上是min（[M/2],N）。
问题2和问题3可类比原模型和问题1进行探究。

模型九：杆秤模型

提出问题

杆秤的工作原理是称重时根据被称物的轻重，移动秤砣，使秤杆保持平衡。根据平衡时提绳所对应的秤杆上的星点，读出被称物的质量。秤砣的质量和所称物体的质量之间存在一定的数量关系。

分析问题

杆秤各部分的名称，如答图9-1所示。

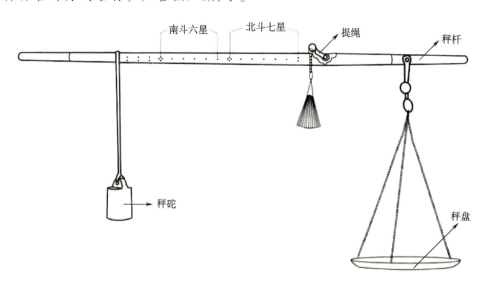

答图　9-1

🔍 模型假设

当提绳在木杆的正中间时，两端等距离处悬挂重物的质量相等。

当提绳在木杆的正中间时，若两端悬挂重物处到提绳的距离不相等，那么两端重物的质量也不相等，但两者之间存在一定的数量关系。

📋 模型建立

可参考答图9-2开展实验。

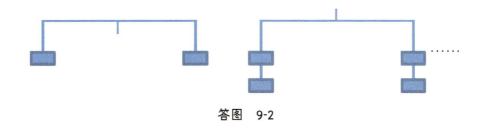

答图　9-2

木杆两端悬挂螺母数量的情况不唯一，答图9-2中仅展示了两端等距离处分别悬挂1个或2个螺母的情况，还可以尝试悬挂更多数量的螺母。

根据记录可以发现，在木杆两端到提绳距离相等处，各悬挂一重物，可以保持平衡；保持提绳和重物的位置不变，当两端重物的个数相同时，木杆保持平衡。

见答表9-1。

答表　9-1

m_1	m_2	m_1与m_2的数量关系	l_1与l_2的数量关系
1	2	$2m_1 = m_2$	$l_1 = 2l_2$
1	3	$3m_1 = m_2$	$l_1 = 3l_2$
1	4	$4m_1 = m_2$	$l_1 = 4l_2$
1	5	$5m_1 = m_2$	$l_1 = 5l_2$

注：左侧重物的数量记为m_1，右侧重物的数量记为m_2；左侧重物悬挂处到支点的距离记为l_1，右侧重物悬挂处到支点的距离记为l_2。

模型分析

（1）当 $m_1 = m_2$ 时，$l_1 = l_2$。

当 $2m_1 = m_2$ 时，$l_1 = 2l_2$。

当 $3m_1 = m_2$ 时，$l_1 = 3l_2$。

当 $nm_1 = m_2$（$n \neq 0$）时，$l_1 = nl_2$。

（2）你能发现 m_1，m_2，l_1，l_2 这4个量之间具备怎样的数量关系吗？尝试用代数推理进行证明。

发现：$m_1 l_1 = m_2 l_2$。

证明：因为 $nm_1 = m_2$，$l_1 = nl_2$。

所以 $nm_1 l_1 = nm_2 l_2$（等式的性质）。

所以 $m_1 l_1 = m_2 l_2$（等式的性质）。

问题：因为提绳越靠近秤盘，能够称量的上限值就越大，所以杆秤的提绳不是位于秤杆的正中间，而是靠近秤盘，这样在秤砣质量一定的情况下，能够增大杆秤的称量上限值。

定盘星是秤杆上的第一颗星，将秤砣挂在这里刚好可以与空的秤盘质量平衡，相当于杆秤的零刻度。

模型十：如何使匠人收益最大

模型准备

（1）$|x + y| \leqslant 1$ 可以分为 $x + y \leqslant 1$ 和 $x + y \geqslant -1$，我们可以根据人教版《数学七年级下册》109页的数学活动1，用描点法先画出 $x + y = 1$ 和 $x + y = -1$ 的图象（如答图10-1所示，图中两条直线），再分析满足 $x + y \leqslant 1$ 的点是图中黄色和绿色区域的点，满足 $x + y \geqslant -1$ 的点是图中粉色和黄色区域的点，同时满足的就是黄色区域的点，即满足 $|x + y| \leqslant 1$ 的点。

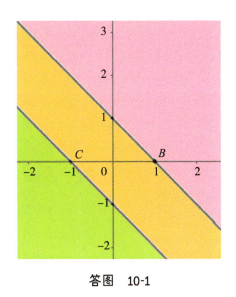

答图　10-1

（2）类比（1）可知，|x|+|y|≤1可以分为x+y≤1、x-y≤1、-x-y≤1和-x+y≤1四个不等式，我们可以先画出x+y=1、x-y=1、-x-y=1和-x+y=1的图象，再分别分析满足四个不等式的点，得到其重合部分（黄色部分），如答图10-2所示。

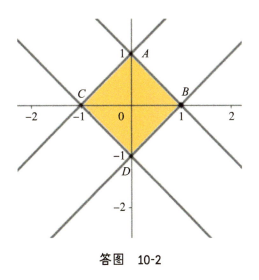

答图　10-2

（3）若将|x+y|≤1中的≤换成≥则是答图10-1中的绿色和粉色部分，若将|x|+|y|≤1中的≤换成≥则是答图10-2中白色部分。

模型应用

问题1：利润=售价-成本，结合你调查的商品的数据结果，建立函数模型，描点画出函数图象，并对图象进行分析。

问题2：为了解决这个问题，我们需要知道每个人完成每项任务所需的具体资金。但由于题目没有给出具体的资金数额，我们将使用变量来表示这些资金。假设有三个人A、B、C和三项任务1、2、3。每个人完成每项任务所需的资金分别为：

A完成1：资金记为a_1，A完成2：资金记为a_2，A完成3：资金记为a_3。

B完成1：资金记为b_1，B完成2：资金记为b_2，B完成3：资金记为b_3。

C完成1：资金记为c_1，C完成2：资金记为c_2，C完成3：资金记为c_3。

我们的目标是找到一种任务分配方式，使得总支出（即所有任务完成所需资金的总和）最少。用数学模型表示，我们需要找到一种分配方式，使得：总支出=A的任务资金+B的任务资金+C的任务资金，即：总支出=$a_i+b_j+c_k$，其中i，j，$k \in \{1, 2, 3\}$，且$i \neq j \neq k$（因为每个人承担的任务不同）。

为了找到总支出最小的分配方式，我们需要比较所有可能的分配组合，并选择资金总和最小的那个。同学们可以根据自己选择的具体情境，列出所有可能的分配组合（即A、B、C分别承担哪项任务的所有可能情况）。对于每种组合，计算总支出（即三个人完成各自任务所需资金的总和）。比较所有组合的总支出，选择总支出最小的那个组合作为最优分配方式。

说明：枚举方法是因为这里给出人数和任务数都较小，可以实现；如果数据较大，就需要借助编程来实现。

模型十一：不等式组模型

分析问题

（1）获利最大。

（2）生产甲、乙产品的量。

模型假设

模型假设不唯一，合理即可。

① 在产品加工时不考虑排队等待加工的问题。

② 假设工厂的原料不会出现断货的情况。

③ 假设工厂的原材料得到充分的利用，无原材料浪费的现象。

④ 假设产品都能被销售。

⑤ x，y表示生产甲、乙产品的量（kg），f表示获利的金额（元）。

模型分析

（1）画出可行域，如答图11-1。

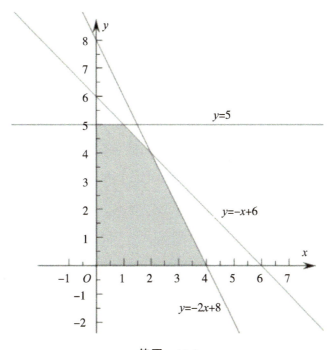

答图 11-1

（2）在坐标系中画出 $y = -\dfrac{5}{4}x$，并平移画出与可行域相交且与 y 轴的交点最高的直线，即该直线过（2，4）点，如答图11-2所示。求得该直线所对应的函数为 $y = -\dfrac{5}{4}x + \dfrac{13}{2}$。则 $\dfrac{f}{80} = \dfrac{13}{2}$，得 $f = 520$。

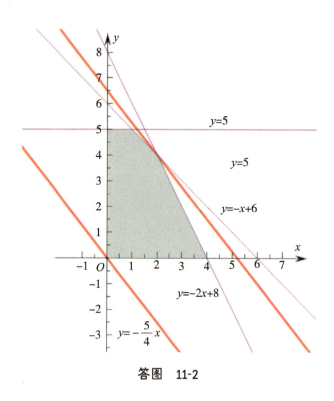

答图　11-2

模型应用

问题：该问题的解决与本讲模型类似，此处提供解决问题的几点提示：

①要使下料最节省，根据实际需要，可选择总余量最小和所用原料钢管根数最少作为目标。在余料没有什么用途的情况下，通常选择所用总根数最少为目标。

②探索所有可能的切割组合方案，以满足不同长度的需求。

③由于钢管数量必须是正整数，确保解决方案符合这一要求。

模型十二：纸张巨变——从薄如蝉翼到横跨地月

🖊 模型分析

与模型类似，我们只需要替换相应的变量，得到：

$$3^{n+1}>3844039000\,000。$$

同样，我们可以通过计算器，从0.3开始不断乘3，很快，我们发现在第26次对折以后，纸张厚度将首次超过地月距离。

📋 模型推广

模型分析：每次裁剪纸张，我们得到的纸的厚度就变为之前的固定倍数，只需要知道在第几次裁剪后，纸张的厚度比目标距离大即可。

模型假设：假设我们裁剪了n次，此时的纸张厚度对应记为y_n，设初始厚度为a，目标距离为d，每次裁剪为m等分裁剪。为了计算方便，我们以"m"为单位。

模型建立：起始时，纸张厚度$y_0=a$，第1次裁剪后的纸张厚度为$y_1=2m=ma$，第2次裁剪后的纸张厚度为$y_2=my_1=m\times ma=m^2a$，以此类推，第n次裁剪后的厚度为$y_n=my_{n-1}=m\times m\times\cdots\times my_0=m^na$。

因此，我们的数学模型为：

$$m^{n-1}a<d<m^na。$$

模型求解：明确了需求，现在我们只需要设计一套计算方式就可以了。本问题的求解并没有太深的数学知识，需要的只是带入不同的变量，重复简单的计算就可以得到结果。

为此，我们将用Python来实现我们的目标，即给定一组纸张厚度、等分数和目标距离，就可以输出所需次数。

参考编程如下：

```python
1.  def calculate_fold_count(initial_thickness, target_height, times):
2.      folded_thickness = initial_thickness
3.      fold_count = 0
4.      while folded_thickness < target_height:
5.          folded_thickness *= times
6.          fold_count += 1
7.      return fold_count
8.
9.
10. initial_thickness = float(input("请输入纸张的初始厚度（m）: "))
11. target_height = float(input("请输入目标距离（m）: "))
12. times = float(input("请输入裁剪份数: "))
13. fold_count_1 = calculate_fold_count(initial_thickness, target_height,
     times)
14. print("纸张需要裁剪", fold_count_1, "次才能超过目标距离。")
15. def calculate_fold_count(initial_thickness,target_height,times):
16.     folded_thickness=initial_thickness
17.     fold_count= 0
18.     while folded_thickness<target_height:
19.         folded_thickness*=times
20.         fold_count+=1
21.     return fold_count
22.
23.
24. initial_thickness=float(input("请输入纸张的初始厚度（m）: "))
25. target_height=float(input("请输入目标距离（m）: "))
26. times=float(input("请输入裁剪份数: "))
27. fold_count_1=calculate_fold_count(initial_thickness,target_height,times)
28. print("纸张需要裁剪",fold_count_1,"次才能超过目标距离。")
```

模型验证：

```
1.  请输入纸张的初始厚度（m）: 0.0003
2.  请输入目标距离（m）: 384403900
3.  请输入裁剪份数: 3
4.  纸张需要裁剪26次才能超过目标距离。
5.
6.  进程已结束,退出代码0
```

问题1： 一张普通的 A4打印纸，理论上需要对折27次，厚度可以达到珠穆朗玛峰的高度，对折39次可以达到地球赤道周长。

实际上A4打印纸会面临的困难有很多。

纸张的尺寸限制：A4打印纸的尺寸通常为210mm × 297mm。当纸张被对折时，就算不考虑弯曲部分，随着对折次数的增加，纸张的尺寸会变得非常小，无法满足需求。

纸张的强度限制：纸张在对折过程中会受到应力和张力的作用。重复对折会增加纸张的应力，并可能导致纸张撕裂或破损。尤其是当纸张的厚度达到一定程度时，其强度可能无法支撑更多的对折。

假设每次对折都是沿着当前的"长边"进行，那么可以用Python语言得到第 n 次对折后的长与宽，具体的程序如下：

```python
1.  def fold_paper(n):
2.      width = 210   # A4 纸的初始宽度（单位：mm）
3.      height = 297  # A4 纸的初始高度（单位：mm）
4.
5.      for _ in range(n):
6.          if width > height:
7.              # 沿着宽度进行对折
8.              width /= 2
9.          else:
10.             # 沿着高度进行对折
11.             height /= 2
12.
13.     return width, height
14.
15.
16. n = int(input("请输入对折次数："))
17. folded_width, folded_height = fold_paper(n)
18. print(f"第{n}次对折后的纸张尺寸：{folded_width}mm × {folded_height}mm")
```

问题2： 设初始厚度为 a，第 n 次的厚度为 $y_n=ny_{n-1}=n（n-1）y_{n-2}=\cdots=n（n-1）\cdots2\times1y_0=n!a$。

```
1.  def calculate_fold_count(initial_thickness, target_height):
2.      folded_thickness = initial_thickness
3.      fold_count = 0
4.      while folded_thickness < target_height:
5.          fold_count += 1
6.          folded_thickness *= fold_count
7.      return  fold_count
8.
9.
10. initial_thickness = float(input("请输入纸张的初始厚度（m）: "))
11. target_height = float(input("请输入目标高度（m）: "))
12. fold_count_1 = calculate_fold_count(initial_thickness, target_height)
13. print ("纸张需要裁剪", fold_count_1, "次才能超过目标距离。")
```

问题3：设初始厚度为 a，第 n 次的厚度为：

$$y_{2k+1} = 2y_{2k} = 2 \times 3y_{2(k-1)+1} = 2^2 \times 3y_{2(k-1)} = 2^2 \times 3^2 y_{2(k-2)+1} = \cdots = 2^{k+1}3^k a \text{，} n \text{为}$$

奇数；$y_{2k} = 3y_{2(k-1)+1} = 3 \times 2y_{2(k-1)} = 3^2 \times 2y_{2(k-2)+1} = 3^2 \times 2^2 y_{2(k-2)} = \cdots = 2^k 3^k a$，

n 为偶数。

```
1.  def calculate_fold_count(initial_thickness, target_height):
2.      folded_thickness = initial_thickness
3.      fold_count = 0
4.      while folded_thickness < target_height:
5.          fold_count += 1
6.          if fold_count % 2 == 1:
7.              # 奇数次数二等分
8.              folded_thickness *= 2
9.          else :
10.             # 偶数次数三等分
11.             folded_thickness *= 3
12.     return  fold_count
13.
14.
15. initial_thickness = float(input("请输入纸张的初始厚度（m）: "))
16. target_height = float(input("请输入目标高度（m）: "))
17. fold_count_1 = calculate_fold_count(initial_thickness, target_height)

18. print ("纸张需要裁剪", fold_count_1, "次才能超过目标距离。")
```

模型十三：半衰期模型

 **提出问题**

放射性物质的剩余质量随着时间的增加而减少。

 **分析问题**

见答表13-1。

答表 13-1

时间t（年）	0	1620	3240	4860
镭的剩余质量m（kg）	m_0	$\frac{1}{2}m_0$	$\frac{1}{4}m_0$	$\frac{1}{8}m_0$

模型应用

问题1：

解：将$m = \frac{1}{64}m_0$，$T=1620$代入$m = m_0(\frac{1}{2})^{\frac{t}{T}}$中，

得 $t=9720$。

答：该物质经历了9720年的衰变。

问题2：

解：将$m = \frac{1}{8}m_0$，$t=6$代入$m = m_0(\frac{1}{2})^{\frac{t}{T}}$中，

得 $T=2$。

答：它的半衰期是2h。

模型十四：糖果之谜——承诺与现实的差距

分析问题

例1　这个问题很简单，我们只需要计算小明所购买的礼包中糖果的数量是不是平均每袋10颗以上即可。以 x_i 表示第 i 个礼包中的糖果数量，$\bar{x}$ 表示平均每袋的糖果数量，则有：

$$\bar{x} = \frac{x_1 + x_2 + \cdots + x_{10}}{10}。$$

这里代入具体的数字，简单计算得到 $\bar{x} = \frac{103}{10} = 10.3$，即平均10.3颗，比10颗多，小明不亏。

例2　与例1类似，我们只需要替换相应的变量，得到硬糖数量的平均值为2.7，软糖数量的平均值为7.6，于是得到硬糖和软糖的数量之比约为0.355。得到的结果告诉我们，老板说得不对。

但仔细观察后发现，礼包3中的硬糖和软糖的数量之比为1∶10，与其他礼包的比值有很大的差距，因此，这个礼包似乎不应该被用来计算。剔除礼包3的数据后，重新计算，得到硬糖和软糖的数量之比约为0.394。这个结果又告诉我们，老板说得是对的。

模型应用

问题1：当数据量很大时，手动计算绝不是一个好方法，此时如果有老板整理好的数据，那么就可以用Python语言来实现数据的快速读取与计算。

txt文本中，每行表示一个礼包的数据，第一列是礼包的糖果总数量，第二列是硬糖数量，第三列是软糖数量，列之间以"，"分隔，如答图14-1所示。

```
12, 3, 9
9, 2, 7
11, 1, 10
```

答图　14-1

用Python语言实现代码如下，注意要替换txt文件的路径。

```python
1.  file_path = r"C:\Users\数据.txt"   # 替换为实际的文件路径
2.  # 读取文本文件并指定编码方式
3.  with open(file_path, "r", encoding="utf-8") as file:
4.      lines = file.readlines()
5.
6.  # 初始化每一列的总和和计数
7.  column_sums = [0, 0, 0]
8.  column_counts = [0, 0, 0]
9.
10. # 遍历每一行并计算总和和计数
11. for line in lines:
12.     numbers = line.strip().split("，")   # 使用中文逗号进行切片
13.
14.     for i, number in enumerate(numbers):
15.         if number:   # 排除空字符串
16.             column_sums[i] += int(number)
17.             column_counts[i] += 1
18.
19. # 计算每一列的平均值
20. column_averages = []
21. for column_sum, column_count in zip(column_sums, column_counts):
22.     average = column_sum / column_count
23.     column_averages.append(average)
24.
25. # 打印结果
26. for i in range(len(column_sums)):
27.     print(f"Column {i+1}: Sum = {column_sums[i]}, Average = {column_a
    verages[i]}")
28.
29. # 计算后两列平均数的比值
30. if column_counts[1] != 0 and column_counts[2] != 0:   # 避免除以零错误
31.     ratio = column_averages[1] / column_averages[2]
32.     print(f"Ratio of column 2 average to column 3 average: {ratio}")
33. else:
34.     print("Unable to calculate ratio due to zero count in column 2 or
    column 3.")
```

运行代码，以10袋为例，得到输出结果：

```
1. Column 1: Sum = 103, Average = 10.3
2. Column 2: Sum = 27, Average = 2.7
3. Column 3: Sum = 76, Average = 7.6
4. Ratio of column 2 average to column 3 average: 0.3552631578947369
```

此时的数据是未剔除极端数据的。

问题2： 由于极端数据占据少部分，所以我们可以先计算所有礼包总的硬糖与软糖的数量，得到一个整体的、淡化极端数据影响的比值，再根据每个礼包各自的比值与总体比值对比，差距过大的就是极端数据，要剔除。

用Python语言实现代码如下。

```
1. file_path = r"C:\Users\数据.txt"
2. epsilon = 1e-8   # 定义一个无穷小量
3. threshold = 1
4. # 读取文本文件并指定编码方式
5. with open(file_path, 'r', encoding='utf-8') as file:
6.     lines = file.readlines()
7.
8. # 保存后两列的数据为 list
9. column1_data = []
10. column2_data = []
11.
12. for line in lines:
13.     numbers = line.strip().split("，")   # 使用中文逗号进行切片
14.
15.     if len(numbers) >= 2:   # 确保至少有两列
16.         column1 = int(numbers[-2])   # 倒数第二列
17.         column2 = int(numbers[-1])   # 最后一列
18.         column1_data.append(column1)
19.         column2_data.append(column2)
20.
21. # 计算总列和的比值
22. total_ratio = round(sum(column2_data)/(sum(column1_data) + epsilon),3)
       # 添加无穷小量并保留三位小数
23. row_indices = []
24. ratios = []
25. # 比较每一行后两列的比值与总列和的比值
```

```
26. for i, line in enumerate(lines):
27.     numbers = line.strip().split("，")  # 使用中文逗号进行切片
28.
29.     if len(numbers) >= 2:  # 确保至少有两列
30.         column1 = int(numbers[-2])  # 倒数第二列
31.         column2 = int(numbers[-1])  # 最后一列
32.
33.         ratio = round(column2 / (column1 + epsilon), 3)  # 添加无穷小
    量
34.         ratios.append(ratio)
35.         diff = abs(ratio - total_ratio)
36.         if diff > threshold:
37.             row_indices.append(i)
38.
39. for index in row_indices:
40.     print(index+1, ratios[index], total_ratio)
41.     column1_data[index] = 0
42.     column2_data[index] = 0
43. print(f'以阈值{threshold}剔除数据后，平均比值为:
    {round(sum(column1_data)/(sum(column2_data) + epsilon), 3)}')
```

在运行后，得到:

```
1.  3 10.0 2.815
2.  以阈值 1 剔除数据后，平均比值为: 0.394
```

也即第三行的数据软糖和硬糖的数量之比为10，而总体上，软糖和硬糖的数量之比为2.815，第三行的数据与其他的数据相比，差距过大，需要剔除。这里使用软糖比硬糖是因为大数除以小数得到的差距比较大，容易筛选。剔除后，计算得到的比例为0.394。

问题3: 不可以，因为每个礼包中糖果的数量并不是完全一致的。以问题2的数据为例，剔除极端数据后，得到的比例为0.394，而比值的平均值却为0.384。

用Python语言实现代码如下，只需将下面的代码替换问题2的相应部分，运行即可得到验证。

```
39. del_num = 0
40. for index in row_indices:
41.     print(index+1, ratios[index], total_ratio)
42.     column1_data[index] = 0
43.     column2_data[index] = 0
44.     ratios[index] = 0
45.     del_num += 1
46. print(f'以阈值{threshold}剔除数据后，平均比值为：
    {round(sum(column1_data)/(sum(column2_data) + epsilon), 3)}')
47. print(f'以阈值{threshold}剔除数据后，比值的平均比值为：
    {round((len(ratios)-del_num)/(sum(ratios) + epsilon), 3)}')
```

问题4： 用Python语言实现代码如下。

```
1.  import matplotlib.pyplot as plt
2.
3.  # 输入数据
4.  X = [2, 4, 6, 8, 10, 12, 14]
5.  y = [6, 13, 19, 26, 50, 38, 45]
6.
7.  money = 11
8.
9.  # 计算样本数量
10. n = len(X)
11.
12. # 计算 X 和 y 的均值
13. mean_X = sum(X) / n
14. mean_y = sum(y) / n
15.
16. # 计算斜率和截距的估计值
17. numerator = 0
18. denominator = 0
19. for i in range(n):
20.     numerator += (X[i] - mean_X) * (y[i] - mean_y)
21.     denominator += (X[i] - mean_X) ** 2
22.
23. slope = numerator / denominator
24. intercept = mean_y - slope * mean_X
25.
```

```
26. # 打印回归系数估计值
27. print("斜率: ", slope)
28. print("截距: ", intercept)
29.
30. print(f"小明花{money}元可以买{slope*money+intercept}颗。")
31.
32. # 绘制数据点和回归线
33. plt.scatter(X, y, color='blue', label='Data points')
34. plt.plot(X, [slope * x + intercept for x in X], color='red', label='R
    egression line')
35.
36. # 添加图例和标签
37. plt.legend()
38. plt.xlabel('X')
39. plt.ylabel('y')
40.
41. # 显示图形
42. plt.show()
```

运行后结果如答图14-2所示。

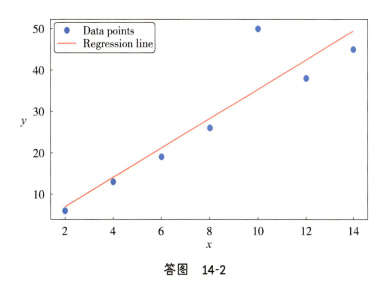

答图 14-2

此时我们直接可以看到，其他数据大致是线性的，仅有（10，50）严重偏离，所以可以剔除。剔除后，结果如答图14-3所示。

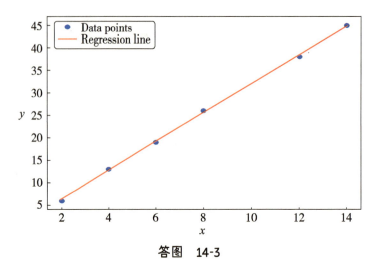

答图 14-3

模型十五：多目标评价模型——食堂销售顾问

模型分析

1.确定不同影响因素的重要程度

为了进行量化，层次分析法使用了9个等级18个数字来比较两个指标之间的重要性（满意度），见答表15-1。

答表 15-1

标度	含义
1	两个指标的贡献值相同
3	前一个指标比后一个指标重要
5	前一个指标比后一个指标明显重要
7	前一个指标比后一个指标强烈重要
9	前一个指标比后一个指标极端重要
2，4，6，8	上列中间情况

根据答表15-1中小组成员交流讨论两个指标之间的重要程度，查表列出对比表格，见答表15-2。

答表 15-2

	饭菜口味	饭菜品种	饭菜卫生	饭菜价格	饭菜创新	员工态度	餐具清洁度	就餐排队时长	食堂位置	食堂桌椅设施	食堂环境
饭菜口味	1	2	3	5	5	3	1	1	5	5	5
饭菜品种	$\frac{1}{2}$	…	…	…	…	…	…	…	…	…	…
饭菜卫生	$\frac{1}{3}$	…	…	…	…	…	…	…	…	…	…
饭菜价格	$\frac{1}{5}$	…	…	…	…	…	…	…	…	…	…
饭菜创新	$\frac{1}{5}$	…	…	…	…	…	…	…	…	…	…
员工态度	$\frac{1}{3}$	…	…	…	…	…	…	…	…	…	…
餐具清洁度	1	…	…	…	…	…	…	…	…	…	…
就餐排队时长	1	…	…	…	…	…	…	…	…	…	…
食堂位置	$\frac{1}{5}$	…	…	…	…	…	…	…	…	…	…
食堂桌椅设施	$\frac{1}{5}$	…	…	…	…	…	…	…	…	…	…
食堂环境	$\frac{1}{5}$	…	…	…	…	…	…	…	…	…	…

其中a_{ij}表示第i行第j列的数值，表示第i个指标和第j个指标相对的标度值，比如a_{14}表示第1行第4列的数值为5，意味着学生认为饭菜的口味比价格重要。表格中的数值应该满足如下条件：$a_{ij}>0$；如果$i\neq j$，那么$a_{ij}=\frac{1}{a_{ji}}$；$a_{ij}=1$。

根据答表15-2，我们可以将数值书写成如下形式，称之为影响因素的判断矩阵A，记为：

$$A = \begin{pmatrix} 1 & 2 & 3 & 5 & 5 & 3 & 1 & 1 & 5 & 5 & 5 \\ \frac{1}{2} & 1 & \frac{1}{5} & \frac{1}{2} & \frac{1}{2} & \frac{1}{5} & \frac{1}{5} & \frac{1}{5} & 1 & 1 & 1 \\ \frac{1}{3} & 5 & 1 & 3 & 3 & 2 & 1 & 1 & 5 & 5 & 5 \\ \frac{1}{5} & 2 & \frac{1}{3} & 1 & 1 & \frac{1}{3} & \frac{1}{5} & \frac{1}{5} & 1 & 1 & 1 \\ \frac{1}{5} & 2 & \frac{1}{3} & 1 & 1 & \frac{1}{3} & \frac{1}{5} & \frac{1}{5} & 1 & 1 & 1 \\ \frac{1}{3} & 5 & \frac{1}{2} & 3 & 3 & 1 & \frac{1}{3} & \frac{1}{3} & 2 & 2 & 2 \\ 1 & 5 & 1 & 5 & 5 & 3 & 1 & 1 & \frac{1}{5} & \frac{1}{5} & \frac{1}{5} \\ 1 & 5 & 1 & 5 & 5 & 3 & 1 & 1 & \frac{1}{5} & \frac{1}{5} & \frac{1}{5} \\ \frac{1}{5} & 1 & \frac{1}{5} & 1 & 1 & \frac{1}{2} & 5 & 5 & 1 & 1 & 1 \\ \frac{1}{5} & 1 & \frac{1}{5} & 1 & 1 & \frac{1}{2} & 5 & 5 & 1 & 1 & 1 \\ \frac{1}{5} & 1 & \frac{1}{5} & 1 & 1 & \frac{1}{2} & 5 & 5 & 1 & 1 & 1 \end{pmatrix}$$

接下来我们计算权重。计算各个因素的重要程度即权重有以下几种方法：

①算术平均法求权重。

$$w_i = \frac{1}{n} \sum_{j=1}^{n} \frac{a_{ij}}{\sum_{k=1}^{n} a_{kj}}。$$

②几何平均法求权重。

$$w_i = \frac{\left(\prod_{j=1}^{n} a_{ij} \right)^{\frac{1}{n}}}{\sum_{k=1}^{n} \left(\prod_{j=1}^{n} a_{kj} \right)^{\frac{1}{n}}}。$$

③特征值法求权。

$$k \left[\frac{1}{a_{11}}, \frac{1}{a_{12}}, \ldots, \frac{1}{a_{1n}} \right]^{T}, \quad \sum_{i=1}^{n} w_i = 1。$$

假如我们的判断矩阵一致性可以接受，那么可以仿照一致矩阵权重的求法。

①求出矩阵A的最大特征值以及其对应的特征向量。

②对求出的特征向量进行归一化即可得到我们的权重（$\sum_{i=1}^{n}w_i=1$）。

已知，若一致性指标$C.R.<0.1$，则一致性较为满意。否则必须重新做比较，修正A中的元素。只有在一致性较为满意时，W的分量才可用作层次单排序的权重。

根据权重计算公式，便于理解，我们可以选择算术平均法求权重

$$w_i=\frac{1}{n}\sum_{j=1}^{n}\frac{a_{ij}}{\sum_{k=1}^{n}a_{kj}}，\text{其中求和公式}\sum_{k=1}^{n}a_{kj}=a_{1j}+a_{2j}+\cdots+a_{nj}。$$

求得不同影响因素的权重之后，继而再根据问卷数据，进行加权求平均。

2.设计调研问卷，收集学生的评价数据

问卷调研举例

调研目的：为了了解同学们对学校5个食堂的就餐体验，请同学们依据日常的就餐情况给5个食堂进行综合性评价，并提出您宝贵的建议。以对食堂一进行评价为例。

（1）饭菜口味（　　）

A. 10（非常满意）　　B. 8（比较满意）　　C. 6（口味一般）　　D. 4（不太满意）

（2）饭菜品种（　　）

A. 10（非常满意）　　B. 8（比较满意）　　C. 6（一般）　　D. 4（不太满意）

（3）饭菜卫生（　　）

A. 10（非常满意）　　B. 8（比较满意）　　C. 6（一般）　　D. 4（不太满意）

（4）饭菜价格（　　）

A. 10（非常满意）　　B. 8（比较满意）　　C. 6（一般）　　D. 4（不太满意）

（5）饭菜创新（　　）

A. 10（非常满意）　　B. 8（比较满意）　　C. 6（一般）　　D. 4（不太满意）

（6）员工态度（　　）

A. 10（非常满意）　　B. 8（比较满意）　　C. 6（一般）　　D. 4（不太满意）

（7）餐具清洁度（　　）

A. 10（非常满意）　　B. 8（比较满意）　　C. 6（一般）　　D. 4（不太满意）

（8）就餐排队时长（　　）

A. 10（非常满意）　　B. 8（比较满意）　　C. 6（一般）　　D. 4（不太满意）

（9）食堂位置（　　）

A.10（非常满意）　　B.8（比较满意）　　C.6（一般）　D.4（不太满意）

（10）食堂桌椅设施（　　）

A.10（非常满意）　　B.8（比较满意）　　C.6（一般）　D.4（不太满意）

（11）食堂环境（　　）

A.10（非常满意）　　B.8（比较满意）　　C.6（一般）　D.4（不太满意）

3.处理和分析数据

以学生食堂一为例，获得数据后计算各项指标的均值，得到的数据见答表15-3。

答表　15-3

	饭菜口味	饭菜品种	饭菜卫生	饭菜价格	饭菜创新	员工态度	餐具清洁度	就餐排队时长	食堂位置	食堂桌椅设施	食堂环境
满意度均值m	8.8	7	9	9	7	9	9	7	8	9	9
权重w	15%	10%	15%	5%	10%	5%	10%	15%	5%	5%	10%

利用加权平均数获得食堂一的综合评分：$B_1 = m_1 w_1 + m_2 w_2 + \cdots + m_{11} w_{11}$。

类比可以求出其他几个食堂的综合评价得分，分别为B_2、B_3、B_4、B_5。

模型应用

（1）外出就餐时，餐厅选择的目标是结合自己的需求，基于多个维度选择评价最高的餐厅。

（2）可以借助大众点评等网络平台多收集几个他们喜欢的口味的餐厅作为备选。

（3）基于关注的重点制订影响选择的指标（评价的准则），比如网络评分、人均价格、距离、就餐环境等。

（4）可以按照层次分析法的原则建立多维的餐厅评价指标，在对不同的影响因素进行附权重的时候，根据他们的侧重点设置，然后结合备选方案综合评定，选择评价分较高的餐厅作为最终方案。